CURSO DE FORMA

MINISTERIAL

LOS NOMBRES DE DIOS EN LA SAGRADA ESCRITURA

CURSO DE FORMACIÓN
MINISTERIAL

LOS NOMBRES DE DIOS EN LA SAGRADA ESCRITURA

ESTUDIOS TEOLÓGICOS

editorial clie

Andrew Jukes

EDITORIAL CLIE
M.C.E. Horeb, E.R. n.º 2.910 SE-A
C/ Ramón Llull, 20
08232 VILADECAVALLS (Barcelona) ESPAÑA
E-mail: libros@clie.es
Internet: http:// www.clie.es

LOS NOMBRES DE DIOS EN LA SAGRADA ESCRITURA
Andrew Jukes

Título original en inglés: *The Names of God*

© 1988 por CLIE para la presente versión española

Depósito legal: B-51384-2006, U.E.
ISBN: 978-84-7645-304-9

Impreso en Publidisa

Printed in Spain

Clasifíquese:
12 TEOLOGÍA:
Dios
CTC: 01-01-0012-05
Referencia: 223373

índice

Introducción

¿Qué significa toda la enseñanza y la predicación que, por mandato del Señor, se imparte y se lleva a cabo día tras día tanto en la iglesia como fuera de ella? Significa que hay algo que no conocemos, que es muy importante que lo conozcamos, y que somos muy lentos para aprenderlo. Pero ¿qué es eso que no conocemos, que debemos conocer, y que tardamos tanto en aprender? Sólo dos cosas: ni nos conocemos a nosotros ni conocemos a Dios. Así, pues, toda enseñanza y predicación tiene por objeto el que nos conozcamos a nosotros mismos y a Dios.

¿Nos conocemos realmente? Muchos de nosotros hemos recorrido escuelas y colegios, y hemos aprendido ésta o aquella lengua o estudiado una u otra ciencia; además podemos también haber dado la vuelta al mundo, y haber visto a sus gentes, sus ciudades y paisajes, sin que por ello, como en el caso del hijo pródigo, hayamos «vuelto en nosotros». Pero incluso si hemos «vuelto en nosotros» y, así, «ido a nuestro Padre» (Lc. 15.17, 20), puede que aún no conozcamos nuestra especial debilidad, ni lo que hemos de hacer si somos tentados, ni nuestra fuerza en Cristo, que es nuestra verdadera vida, cuando él se manifiesta en nosotros. Pedro, el jefe de los apóstoles. es uno de los muchos ejemplos que las Sagradas Escrituras presentan para demostrarnos cómo los verdaderos discípulos, aunque amen a Cristo y hayan dejado todo por seguirle, pueden, no obstante, permanecer ignorantes de su propia debilidad y de que el hombre se perfecciona verdaderamente sólo por medio de la muerte y la resurrección. ¿Quién entiende las asombrosas contradicciones que hacen finalmente al hombre ser lo que es?: a veces, casi un ángel y, a veces, casi una bestia o un diablo; ora con altísimas y nobles aspiraciones, ora con egoísmo, envidias, y todo tipo de sentimientos bajos y ruines. ¿Quién sabe ni siquiera la forma en que su vecino le conoce? Bien dice el viejo aforismo pagano, «Conócete a ti mismo»; e igualmente dice bien el salmista cuando pregunta, «Señor, ¿qué es el hombre?»

En cuanto a Dios, ¿le conocemos? ¿Tenemos en realidad una clara conciencia de nuestra verdadera relación con él? ¿Qué pensamos de él? ¿Está por nosotros o contra nosotros? ¿Es nuestro amigo o nuestro enemigo, un extraño o nuestro Padre? ¿Podemos confiar en él de la forma en que confiamos en un amigo de este mundo? ¿Tienen razón los agnósticos cuando afirman que no sólo no conocemos a Dios sino que ni siquiera podemos conocerle? Es triste, pero los hombres no le conocen. Sin embargo, éste no es el estado propio del hombre ni esto es lo que Dios quiere para nosotros.

¿Puede ese libro que llamamos *la Biblia* arrojar alguna luz sobre nuestra presente ignorancia de Dios y de nosotros mismos? ¿Ofrece algún remedio para eso? Una de sus primeras lecciones es decirnos cómo y por qué el hombre es ahora un ser caído y temporalmente separado de Dios, aunque no abandonado por él. ¿Quién no ha oído del relato, aun cuando no sea muy entendido, acerca de una criatura inferior que tejió una mentira con respecto a Dios y al hombre, diciendo a este último que fue por envidia, y no por salvarlo de la muerte, que Dios le prohibió comer de aquello que le sería agradable a los ojos y bueno como alimento, y asegurándole que sería como Dios, conociendo el bien y el mal, tan sólo con que actuara de su propia voluntad y desobedeciera? ¿Quién no ha oído igualmente que, como resultado de haber creído esa mentira, el hombre aprendió que estaba desnudo, que se ocultó de Dios, que trató de cubrir su desnudez con hojas de higuera y su desobediencia con excusas, y que, a pesar de todo, Dios lo buscó con un llamamiento, una promesa y un don? Un llamamiento que todavía resuena en los oídos de todos, preguntando al hombre dónde está ahora y por qué no ha vuelto aún a su Creador; una promesa que también incluía ser salvado de su enemigo, y un don para afrontar su necesidad presente (Gn. 3:1-21). ¿Debemos considerar este relato como algo propio de un libro viejo y sin valor para la actualidad? De ningún modo, ya que el «viejo hombre» que hay en cada uno de nosotros repite a diario el desatino de Adán. Los hombres de todas partes creen la mentira, se ocultan de Dios, y se esfuerzan en cubrir su vergüenza con pretextos, sin que por ello puedan evitar seguir tan desnudos como antes. El resultado natural es que el hombre se forma una opinión mezquina de Dios y elevada de sí mismo. El carácter de Dios ya no es perceptible en el hombre, porque éste ahora tiene más fe y agrado en las criaturas que en el Creador. Lo que el hombre piensa de Dios se puede ver en los ídolos que ha erigido para representarlo —como el monstruoso Moloc, que puede contemplar impasible la destrucción de sus criaturas. Hasta una pantomina puede complacernos más que Dios, como dice Agustín. No prescindiríamos de un saco de dinero, si pudiéramos tenerlo, porque obtendríamos ciertos placeres por medio suyo; pero podemos pasar sin Dios mañana, tarde y noche, porque no esperamos beneficio ni agrado alguno de él. Vivimos perfectamente sin Dios y, si nos fuera posible, moriríamos gustosamente sin él. Pues, ¿acaso no nos restringe, nos frustra, y nos castiga a lo largo de esta vida terrena y fugaz para enviarnos después, como miserables criaturas, al infierno, donde el fuego y el dolor nunca se acabarán? Tal es la obra de la mentira de la serpiente, que siempre está ocupando un puesto en el fondo del corazón, hasta que el remedio, tan cercano a nosotros como la mentira, nos sea aplicado por el Espíritu de Dios.

Porque, gracias a Dios, hay un remedio; y ese remedio está en Dios mismo. Dios sigue siendo Dios, a pesar de la caída de sus criaturas y de sus descabellados pensamientos acerca de él. Todo cuanto necesitamos es conocer a Dios, como verdaderamente es, y la relación que tiene con sus criaturas. Esto es el único remedio para el mal, y no otro.

La revelación de Dios, es decir, su descubrimiento o desvelización (pues la mentira de la serpiente y sus amargos frutos nos lo han ocultado casi completamente) o, en otras palabras, la automanifestación de Dios justo hasta donde la podemos sobrellevar, es el medio que nos trae paz, nos lleva a él y nos rehace a su imagen. Así como el sol cambia todo sobre lo que luce, y la luz, cuando incide sobre los campos, los hace participar de sus variados matices y resplandores, así la revelación de Dios a sus criaturas caídas restaura en ellas su semejanza. Llegamos a ser como Dios en la proporción exacta en que le vemos como él es.

Pero ¿cómo se ha revelado Dios al hombre? Simplemente como el hombre aún se revela, porque el hombre fue hecho a imagen de Dios. El hombre se revela por medio de sus palabras y obras, y Dios lo ha hecho de forma semejante. Su palabra es la imagen expresa de su persona y del resplandor de su gloria; y a través de esa palabra, que es la perfecta verdad, ha contestado y todavía contesta la falsa palabra de la serpiente que ha ocasionado nuestra ruina. Por su palabra en la naturaleza, pues «los cielos cuentan la gloria de Dios» (Sal. 19:1), aunque para el hombre caído no parece haber «voz ni lenguaje» en ellos; por su palabra hablada por medio de sus siervos, «de muchas maneras y en otro tiempo» (He. 1:1), viniendo a nosotros de afuera y en la letra, porque no podíamos sobrellevar su espíritu; y, sobre todo, por su palabra hecha carne en Cristo nuestro Señor (cfr. Jn. 1:14). Dios nos ha mostrado lo que es, y así con palabra y obra ha contestado la mentira de que es envidioso y falso y de que el hombre puede ser como Dios independientemente de él. ¿No ama Dios? ¿No es veraz? Cristo es la respuesta. Dios es tan amante que, aunque su criatura, el hombre, haya caído, se ha hecho semejante a él para levantarlo de nuevo y hacerle llevar su imagen. Dios es tan veraz que, si el hombre peca, ciertamente debe morir. Pero Dios, por medio de la muerte, puede destruir al que tiene el poder de la muerte y decirle: «Yo seré tu plaga, tu infierno y tu destrucción» (Os. 13:14). Es más, ya lo ha hecho por nosotros en Cristo Jesús, nuestro Señor. Cristo nos muestra al hombre condenado y, a la vez, justificado. Dios ha habitado en el hombre, nacido de una mujer, pero conservando la plenitud de la

Deidad, corporalmente (Col. 2:9); y el hombre, que ha sufrido y muerto, ahora habita en Dios con toda la autoridad en el cielo y en la tierra para destruir las obras del diablo y reconciliar para siempre todas las cosas con Dios (Col. 1:20). Tal es la respuesta de Dios a la mentira de la serpiente. El Verbo se ha hecho carne (Jn. 1:14). Dios ha tomado sobre él la maldición para que el hombre sea bendecido y lleve su imagen eternamente.

La perfecta revelación de Dios es, pues, en Jesucristo, nuestro Señor. Pero la mismísima plenitud de la revelación, como ocurre con el deslumbrante resplandor del sol, puede privarnos temporalmente de ver todas sus maravillas. No obstante, podemos aprender incluso de la revelación en la letra, es decir, tal como se da en las Sagradas Escrituras (especialmente por medio de los diversos nombres bajo los cuales ha placido a Dios revelarse al hombre desde el principio), cosas concernientes a su naturaleza y magnificencia, las cuales, a pesar de ser infinitamente mejor reveladas en Cristo, posiblemente trascenderían nuestra visión de no ser por la ayuda que aun las sombras de la letra pueden prestarnos. Así la vieja revelación que Dios nos ha dado de sí mismo en las Sagradas Escrituras, tal como «Dios» o «Señor» o «Todopoderoso» o «Altísimo», aunque es «en fragmentos» (He. 1:1), como dice el apóstol, puede ayudarnos a ver su plenitud; justamente como las muchas cifras que las mismas Escrituras nos dan con respecto a los sacrificios, tal como aparecen reguladas por la ley ceremonial, nos ayudan a ver los diversos y aparentemente contradictorios aspectos del único, perfecto y gran Sacrificio. Todavía no podemos ver las cosas de los cielos en toda su magnitud. Por lo tanto, Dios nos las revela hasta el punto en que las podamos sobrellevar, y lo hace con la exactitud del que las ve como son y en la forma en que pueden ser vistas y entendidas por nosotros. Necesitamos, pues, toda la instrucción de Dios, incluso las revelaciones parciales, que lo representan bajo diversos nombres, con lo cual nos prepara a su debido tiempo para que lo veamos como él es (Jn. 3:2) y para conocer cómo somos conocidos (1ª Co. 13:12).

Mi propósito es, por lo tanto, y si Dios lo permite, prestar atención a los nombres bajo los cuales Dios se ha revelado al hombre en las Sagradas Escrituras. Los primeros cuatro los encontramos en algunos de los capítulos más primitivos de Génesis, y son: «Dios» (en hebreo, Elohim), «Señor» (o Jehová), «Todopoderoso» (El Shaddai) y «Altísimo» (El Elyon). Todos ellos revelan algún atributo distintivo o alguna característica del mismo bendito Dios. Además de éstos, tenemos tres nombres más que describen la relación de Dios con ciertas cosas o personas más bien que con su naturaleza, y son «Señor» (en hebreo Adonai),[1] el «Eterno» (El Olam), y «Señor de los ejércitos» (Jehová Sabaot). Los cuatro primeros nombres nos dicen lo que Dios es. En todo tiempo, estos cuatro nombres han sido el descanso, refugio, y consuelo de su pueblo. En el libro de los Salmos, los encontramos constantemente repetidos. En un lugar aparecen los cuatro dentro de una oración: «El que habita al abrigo del Altísimo, y mora bajo la sombra del Omnipotente, dice a Jehová: Esperanza mía y castillo

---

1. Tanto para *Jehová* como para *Adonai* el autor usa la palabra "Lord"; la única diferencia es que en el primer caso escribe las letras «o», «r», «d», con mayúsculas de inferior tamaño al de la «L». Si esta diferencia connota algo, en el texto no se explica (N. del T.).

mío; mi Dios (es decir, mi Elohim), en quien confío» (Sal. 91:1-2; véase también Sal. 77:7-11). Todos estos nombres no son sino variantes de ser él lo que es, tan maravilloso y polifacético, que ningún simple nombre puede expresar adecuadamente lo que el apóstol llama su «plenitud» (Ef. 3:19; Col. 1:19; 2:9). Similarmente, en los Evangelios se requieren cuatro diferentes presentaciones del mismo y único Señor, tales como el león, el buey, el hombre, y el águila, para mostrar a Cristo en sus diversos aspectos o relaciones, algunas de las cuales, por la forma en que las hemos captado debido a las limitaciones de nuestra naturaleza caída, parecen chocar a veces con los títulos que certeramente lo definen como Hijo de Dios e Hijo del Hombre. Pues bien, así como en cada una de estas presentaciones podemos detectar ocultos indicios de que Cristo contiene dentro de sí todas las características aparentemente variables (que los otros Evangelios o Caras Querúbicas revelan más particularmente) (véase *Four Views of Christ*, págs. 2-14), así es con la revelación que con anterioridad Dios dio de sí mismo. Dios no puede hablar de lo que él es en toda su plenitud bajo un simple nombre o título. Y, sin embargo, cada uno de los nombres contiene algo de las virtudes especiales que los otros nombres destacan más particularmente (pues las perfecciones de Dios son inseparables). Esto podemos verlo incluso en un hombre dotado con diversos talentos. Para conocer a David se nos debe decir que era pastor, guerrero, rey, profeta, poeta, y músico, todo lo cual revela una profunda y rica naturaleza. ¿Tiene entonces algo de extraño que Dios, el Hacedor, Juez, y Salvador de todos, que es en sí amor, poder, y sabiduría, revele su naturaleza a los que no lo conocen y su relación con

14

ellos mediante una serie de nombres que manifiesten aspectos distintos de su gloria? Sea como fuere, Dios se ha revelado así al hombre: aquí un poco y allí otro poco: y sus hijos, a medida que van creciendo en su semejanza, lo mejor que pueden hacer es alabarlo por tal revelación.

Mi deseo, pues, al considerar los nombres bajo los cuales Dios se ha revelado, es guiar, hasta donde sea posible, a algunos de sus hijos y criaturas a que lo conozcan mejor. Pero, indirecta e incidentalmente, nuestro presente estudio puede también contestar a las objeciones de ciertos críticos que, sobre las bases de los diversos nombres de Dios en Génesis, arguyen que el libro es una composición meramente humana, es decir, una compilación de varias tradiciones en conflicto cuyas diferencias y divergencias demuestran que son únicamente las ideas o especulaciones de mentes falibles concernientes al carácter de Dios. Si estos críticos (de cuyas deducciones puedo decir que se están destruyendo continuamente), en vez de juzgar con tanta ligereza este asunto, hubieran tan sólo considerado con mayor profundidad cómo puede Dios revelarse al hombre caído y si éste en realidad se encuentra ahora en condiciones de asimilar la revelación del ser de Dios en toda su plenitud; e incluso más, si hubieran sido discípulos de Cristo antes de hacerse maestros, habrían aprendido la razón por la que Dios se reveló en la forma que dicen las Sagradas Escrituras. Seguramente ya desde el principio, Dios, viendo en lo que el hombre se había convertido, debió haber deseado darse a conocer; y el método que escogió para hacerlo fue sin duda el mejor, porque Dios es todo amor y, además, omnisciente. Pero, ¿cómo podía darse a conocer al hombre, siendo éste lo que es? ¿Qué podemos mostrar de nuestra naturaleza a un bebé? ¿Qué podemos hacer comprender a una bestia de nuestros pensamientos y sentimientos más profundos? ¿No requería verdaderamente el caso que Dios se manifestara bajo diversas formas y de acuerdo con las limitaciones de la criatura a quien quería revelarse? ¿No era necesario que la revelación fuera en forma de criatura y creciera paso a paso, como incluso Cristo (la palabra de Dios, cuando fue hecha carne por nosotros) creció en sabiduría y en gracia hasta ser el hombre perfecto (Lc. 2:52)?

Por tanto, suponiendo que sea un hecho el que aquellas porciones del Génesis que hablan de «Elohim» fueran parte de tradiciones anteriores o posteriores a las que hablan de «Jehová», eso no probaría que tanto el Génesis (en su forma y orden presentes) como el resto de la Escritura no tienen su origen en Dios. En un mosaico muy elaborado, las piececitas de piedra han venido de diferentes canteras, pero el modelo o figura que se ha formado con ellas demuestra que la obra no es una mera colección de partículas discordantes, sino que una mente rectora lo ha dispuesto y planeado con un propósito especial. Similarmente, el hecho de que la química haya probado que las sustancias que forman nuestra carne y nuestros huesos estaban en la tierra y en formas animales y vegetales ya antes de que formaran parte de nuestros cuerpos no desaprueba que dichos cuerpos no sean la obra de Dios de acuerdo con un propósito. Así ocurre con la Biblia. Repetimos, pues, que diferentes tradiciones con diferentes orígenes no prueba nada en contra de la unida y divina inspiración de las Sagradas Escrituras tal como ahora las tenemos, sino que únicamente mostraría lo que la Escritura misma afirma: que Dios ha hablado al hombre por medio de revelaciones parciales que pudo obtener un conocimiento más perfecto de la verdad a través de Cristo y de su Espíritu.

Por supuesto que si el hombre no es consciente de su condición de caído de Dios, y, por ello, de su incapacidad de verle como es, resulta fácil objetar que una presentación parcial de Dios o revelación se contradice o choca con otra. Pero toda naturaleza está llena de aparentes y similares contradicciones, las cuales acaban no siéndolo a medida que se nos van revelando sus secretos. ¿No está hecha la luz blanca de siete colores y rayos diferentes? ¿No es el orden de los cielos, tan sereno y firme, el resultado de fuerzas centrífugas y centrípetas aparentemente antagonistas? No es preservado el equilibrio de la vida del corazón por los movimientos sístole y diástole? ¿No consta la unidad de la humanidad de hombre y mujer? En el mundo moral ocurre lo mismo. A menudo parece que la verdad se opone al amor, y, sin embargo, verdad y amor son consecuencias y manifestaciones del mismo y único bendito Dios. Cristo, la perfecta imagen de Dios, nos revela la unidad de todos los aparentes antagonismos. Mientras permanezcamos en la carne, podemos «conocer sólo en parte» (1ª Co. 13:12), y para que obtengamos dicho conocimiento, Dios, cuya plenitud llena todas las cosas, se ha revelado de una forma que los hombres pueden llamar imperfecta. Pero su misma imperfección (si es que podemos llamarla así) es su perfección, por cuanto muestra su impecable adaptación al fin previsto. Tan sólo con que podamos ver lo que los diferentes nombres de Dios declaran, estoy seguro de que seremos compelidos, como todos aquellos que tuvieron esta gran visión, a postrarnos ante él y exclamar: «Santo, santo, santo, Señor, Dios, Omnipotente, Altísimo, el cielo y la tierra están llenos de la majestad de tu gloria.»

Sólo añadiré que como estos nombres de Dios hablan de su naturaleza, nadie que no participe de esa naturaleza podrá ver jamás su sentido; «pues ¿quién conoce las cosas del hombre, salvo el espíritu del hombre? Así las cosas de Dios no las conoce el hombre, sino el Espíritu de Dios». Por lo tanto, el mero intelecto nunca podrá descubrir lo que esos nombres contienen, ni siquiera el deseo de obtener luz, a menos que tal deseo vaya acompañado de fe, oración y humildad. Por otra parte, un caminar en fe, una vida de amor, un diario esperar el Espíritu de Dios, un humilde atesoramiento de sus palabras, incluso cuando a primera vista parezcan oscuras y misteriosas, todo esto, porque viene de Dios, conducirá a él y a un mayor conocimiento de su plenitud, tal como ha sido revelado en su palabra escrita y encarnada. El nos ha hecho para conocerle y amarlo, y para llevar su imagen, y así revelarle a un mundo que no le conoce. Y a medida que esa imagen es restaurada en nosotros por gracia, cuando recibimos en nuestra vida a Aquel que es la imagen del Dios invisible, podemos ver lo que ojo no vio, y oír lo que oído no oyó, y todo lo que Dios revela por su Espíritu. hay ciertamente una etapa en nuestra experiencia en que la única pregunta que ocupa nuestra alma es: ¿Cómo puede un pecador ser traído a la justicia y a la paz? Pero hay también otra etapa en que el alma anhela a Dios, en que ansía conocer sus perfecciones, en el sentido profundo de que conocerle es la única forma de poder conformarse a él. Los nombres de Dios sirven a ambos fines. En la visión beatífica Dios será el todo. Incluso aquí, en la proporción en que sus redimidos lo ven, son hechos como él. ¡Sirvan nuestras meditaciones sobre los nombres de Dios para este fin, para su gloria y para nuestra bendición eterna!

1

Dios, o Elohim

Habiendo visto, pues, que en la Sagrada Escritura se habla de Dios bajo diferentes nombres, cada uno de los cuales con el propósito de resaltar diferentes virtudes o características de su naturaleza, debemos ahora prestar atención al primer nombre bajo el cual es revelado: «Dios», —en hebreo, «Elohim».

Éste, y sólo éste, es el nombre por el cual se nos presenta a Dios en el primer capítulo del libro de Génesis. Ahí lo encontramos repetido en casi cada versículo. Bajo este nombre vemos a Dios trabajando con una especie de materia primigenia, envuelta en oscuridad y confusión, hasta que todo fue puesto en orden de acuerdo con su voluntad y por medio de su palabra para hacerlo «muy bueno». Este es el nombre que debemos conocer antes que cualquier otro. Por lo tanto, éste es el primero revelado en las Sagradas Escrituras, y nos habla de Uno que, cuando todo está perdido, en oscuridad y confusión, reintroduce en la criatura primeramente su luz y vida y, después, su imagen, haciendo así todo nuevo y muy bueno.

Ahora bien, hay ciertas peculiaridades conectadas con

este nombre, las cuales debemos considerar si queremos entender todo lo que el Creador nos enseña por medio de él.

Este nombre (en hebreo, «Elohim», o «Alehim») es un plural que, aunque primero y principal se usa en las Sagradas Escrituras para describir al único Dios verdadero, nuestro Creador y Redentor, también se usa de forma secundaria con referencia a los «muchos dioses y muchos señores» (1ª Co. 8:5), a quienes los paganos primitivos temían y adoraban. Veamos, entonces, el uso primario de este nombre, mediante lo cual aprenderemos su significación más alta. Entonces estaremos en mejores condiciones de entender cómo pudo ser aplicado a los dioses de los paganos o a los ídolos que lo representaban.

Así pues, primeramente, este nombre, aunque en plural, cuando se usa con referencia al único Dios verdadero va constantemente acompañado por verbos y adjetivos en singular. Por tanto, ya desde el principio se nos prepara para el misterio de la pluralidad en Dios, el cual, aunque dice «no hay dioses conmigo» (Dt. 32:39) y «no hay Dios fuera de mí» (Is. 45:5, 22), también dice «Hagamos al hombre a nuestra imagen, conforme a nuestra semejanza» (Gn. 1:26); «el hombre es como uno de nosotros» (Gn. 3:22); «descendamos y confundamos allí sus lenguas» (Gn. 11:7); y, otra vez, «¿A quién enviaré y quién irá de nuestra parte?» (Is. 6:8). Y este mismo misterio, aunque incomprensible para un lector inglés o español, aparece una y otra vez en muchos otros textos de la Escritura. Pues «Acuérdate de tu Creador en los días de tu juventud» es literalmente «Acuértade de tus Creadores» (Ec. 12:1). Similarmente, «Y ninguno dice: «¿Dónde está Dios mi Hacedor?» es en hebreo, «Dios mis Hacedores» (Job 35:10). Y, otra vez, «Alé-

20

grese Israel en su Hacedor» es, en hebreo, «en sus Hacedores» (Sal. 149:2). Igualmente en Proverbios, «La inteligencia es el conocimiento de los Santos» (Pr. 9:10) Asimismo donde el profeta dice «tu marido es tu Hacedor», ambas palabras están en plural en el texto hebreo (Is. 54:5). Muchos otros pasajes de la Escritura tienen precisamente la misma peculiaridad. Por tanto, en los cielos, los querubines y serafines exclaman continuamente: «Santo, santo, santo, Jehová de los ejércitos» (Is. 6:3; Ap. 4:8), mientras que en la tierra, enseñados por el Espíritu del Señor, decimos, «Padre, Hijo y Espíritu Santo» (2ª Co. 13:14). La forma plural del primer nombre de Dios, «Elohim», está envuelta en el mismo misterio. Mientras que el verbo, e incluso el adjetivo, concuerdan con él en el singular (como «el Viviente» en 2ª Ro. 19:4, o «el Justo» en Sal. 7:9), «Elohim», aunque plural, significa *un Dios*.

Además, este nombre, como cualquier otro nombre hebreo, tiene un significado preciso, lleno de sentido. La palabra «Elohim» proviene de «Alah», «jurar», y describe a alguien que está bajo un pacto que debe ser ratificado mediante juramento. Parkhurst, en su bien conocido *Lexicon*, explica así el nombre: «Elohim»: «Un nombre que se da usualmente en las Sagradas Escrituras a la bendita Trinidad, por medio del cual se representa a las tres Personas como estando bajo la obligación de un juramento... Este juramento (mencionado en el Salmo 110:4, "Juró Jehová, y no se arrepentirá") fue anterior a la creación. De acuerdo con esto, "Jehová" es llamado «Elohim» al principio de la creación (Gn. 1:1), lo cual implica que las divinas Personas se habían conjurado ya antes de crear; y, a la luz de Gn. 3:4, 5, es evidente que tanto la serpiente como la mujer conocían a Jehová por este nombre, "Elohim", antes de la caída.» Aquí la naturaleza del ser de Dios es como un maravilloso abismo que se abre ante nuestros ojos. Bendito sea su nombre, porque por medio de su Hijo y de su Espíritu ha arrojado alguna luz a este abismo insondable para la carne y la sangre.

Así, pues, esta relación de pacto que expresa «Elohim» es primeramente una relación en Dios. Dios es uno, pero, como su nombre declara, en él hay también pluralidad, y las relaciones implicadas en esta pluralidad, por ser precisamente en él y con él, nunca pueden disolverse ni romperse. Por lo tanto, como Parkhurst dice, este nombre contiene el misterio de la Trinidad. Para la perfecta revelación de este gran misterio, el hombre debió de hecho esperar hasta que fue declarado por el Unigénito del Padre, y aun así esto no courrió hasta después de su resurrección, cuando lo dio a conocer a los que había llamado para ser sus discípulos. Pero, desde el principio, el nombre «Elohim» lo contenía e indicaba vagamente, y las visiones y palabras de los profetas lo insinuaban todavía con mayor claridad.

Sin embargo, no penetro en este misterio. Como máximo, digo con san Agustín que, si Dios es amor, entonces en Dios debe haber un Amante, un Amado y el Espíritu de amor, porque no puede haber amor sin amante y sin amado. Y si Dios es eterno, entonces debe haber un Amante eterno, un Amado eterno y un eterno Espíritu de amor que une al Amante eterno con el Amado eterno en un vínculo de amor eterno e indisoluble. La relación en Dios, en él y con él mismo, es una unidad sin brechas; inquebrantable. Dios es «Elohim» desde el principio, y lo es en una unión de pacto con él mismo desde siempre y para siempre.

Pero la verdad de la relación de pacto implicada en el nombre «Elohim» aún va más lejos, pues el Amado es el Hijo, «el Verbo», «por quien todas las cosas fueron hechas» y «en quien todas las cosas subsisten». «Todas las cosas fueron creadas por él y para él» (Jn. 1:3). Por lo tanto, Dios, o «Elohim», al estar bajo pacto con el amado Hijo, debe estar igualmente bajo pacto con todas las cosas creadas por él, las cuales subsisten y se mantienen en él. Como Pablo dice, él es el Dios que no miente, que prometió vida eterna desde antes de los tiempos eternos (Tit. 1:2), (palabras estas que de nuevo se refieren al pacto en Cristo antes de la caída del hombre), «el fiel Creador», como Pedro añade, a quien debemos encomendar nuestras almas (1ª P. 4:19); porque «de él, y por él, y para él, son todas las cosas» (Ro. 11:36). Y en virtud de esta relación de pacto (porque él es «Elohim»), aunque sus criaturas fallen y caigan, «nunca nos dejará ni nos abndonará».

Podemos preguntar si cuando este nombre fue revelado por primera vez, los receptores de la revelación pudieron entender todo cuanto implica y enseña. Probablemente, no. Cuando Dios habla por primera vez, los hombres raramente le entienden por completo —si es que, en realidad, le han entendido algo. Es gradualmente, y justo en la proporción en que sus siervos y discípulos atesoran las palabras que reciben, que tales palabras desvelan su contenido, cosa que a menudo ocurre lentamente. Todas nuestras primeras percepciones de Dios y su verdad con imperfectas y están mezcladas con las falacias y los errores que producen los sentidos. No obstante, sus palabras, aun siendo poco entendidas, conllevan una auténtica bendición para quienes las reciben y aceptan, aunque la profundidad de la divina sabiduría que contienen esté más o menos oculta. ¿Quién puede abarcar y asimilar de una todo cuanto la naturaleza nos dice? ¿Quién puede entender de primeras todo lo que el Evangelio o los sacramentos del Evangelio contienen y anuncian? Así ocurre con los nombres de Dios. Aun cuando no se comprendan muy bien, desde el principio han estado diciendo lo que es la plenitud de Dios, y, por su gracia, el hombre caído ha sido capaz de recibirlo y aprovecharlo. Exactamente en la proporción en que los hombres caminaban con Dios, sus nombres y palabras se les abrían, pero, si le abandonaban, las mismas palabras se tornaban primeramente oscuras y después se pervertían para representarlo falsamente. Pues la palabra de Dios, si no es obedecida, se convierte en una maldición y una trampa hasta el punto de confirmar a los hombres en sus errores y engaños.

Esto era así con este primer y maravilloso nombre, «Elohim». La verdad que enseñaba era maltratada y transformada en mentira en la medida que el hombre se apartaba más y más de Dios «y adoraba y servía a la criatura más que el Creador». La verdad de la pluralidad que encierra «Elohim» (que dice: «No hay Dios fuera de mí») fue pronto pervertida e interpretada en sentido politeísta. Los diversos y multiformes poderes de la naturaleza, que habían sido creados para manifestar la plenitud de Dios, fueron vistos y adorados como diferentes divinidades. Como consecuencia, la relación de pacto entre Dios y sus criaturas se convirtió en la base de la creencia de que cada nación o pueblo tenía sus dioses tutelares, los cuales estaban especialmente relacionados con quienes los reconocían y servían. Así, cada país tenía sus propios dioses, «dioses de las colinas» o «de los valles» (Jue. 10:6; 1º Re. 11:33; 20:23, 28), cada

24

uno de los cuales era adorado de acuerdo con la mayor o menor relación de intimidad que se pensaba tenían con determinados lugares o pueblos., Pues, mirando la naturaleza, el hombre caído vio poderes y fuerzas por todas partes: poder en el sol, que hacía a la tierra producir y florecer; poder en la tierra para sostener y nutrir a todas las criaturas; poder en el mar y en el aire, en el frío, en el rayo y en la tormenta. Cualquiera de ellos aparecía más fuerte que el hombre; algunos a veces le servían, pero podían también serle adversos, herirlo y matarlo. Así, el hombre habiendo desechado la verdad de que Dios es amor, se doblegó a los poderes que lo circundaban y los miró y adoró como a dioses. ¿No se da incluso ahora una adoración semejante? Ciertamente, el mundo siempre hace esto. El hombre es adorador por naturaleza, y si no puede confiar en un Dios de amor y de verdad, el verdadero «Elohim», de seguro que buscará ayuda en algunas de las fuerzas, visibles o invisibles, que lo rodean.

Pero volvamos a «Elohim» como se usa en la Sagrada Escritura, es decir, como el nombre del único y verdadero Dios. Todo el primer capítulo del Génesis nos muestra a Uno que, porque es «Elohim», en virtud de su propia naturaleza y relación de pacto con su criatura, nunca puede dejarle, pese a estar caída, hasta que todo sea otra vez muy bueno. En ese capítulo, que es en verdad el fundamento y la suma de toda revelación posterior, se nos habla de la creación de los cielos y la tierra llevada a cabo por «Elohim»; y, después, que la creación, o al menos una parte de ella, se la veía caída, «sin forma y vacía», con «tinieblas sobre la faz del abismo». Pero ¿la abandonó «Elohim» por haberse vuelto oscura, vacía e informe? No. Cuando todo está inmóvil, «el Espíritu de Dios se mueve», (literalmente, «empolla») «sobre la faz de las aguas», y entonces «Elohim» habla, y por su palabra se va produciendo el maravilloso cambio, paso a paso, hasta que llega el día de reposo, cuando «todo es muy bueno».

La criatura ni comienza nada, ni continúa nada, ni perfecciona nada. Cada etapa de la restauración es el resultado directo de la iniciativa, la palabra y obra de «Elohim». A cada paso leemos una y otra vez «Dios dijo» y «Dios hizo» (Gn. 1:3, 6, 7, 9, 11, 16, *etc.*). Todo es la obra de Dios, cuyo nombre y naturaleza contienen en sí mismos la garantía de que no puede descansar hasta que su criatura caída sea restaurada y recreada. No es, pues, sorprendente que la iglesia primitiva hiciera tan a menudo hincapié en la obra de los seis días, viendo en ellos a un Dios de pacto, cuya nueva creación es de principio a fin el fruto de su labor. ¡Y qué labor! Primeramente, «Elohim» por medio de su palabra trae «luz». Después un «cielo» es formado en la todavía bulliciosa criatura, para dividir las aguas de las aguas. Seguidamente, una «tierra» emerge de las aguas. Acto seguido brotan «frutos» y aparecen«lumbreras», y «seres vivientes» de las aguas y de la tierra, hasta que finalmente el hombre es creado a imagen de Dios para que gobierne sobre todo. Nada impide el trabajo de Dios ni cambia su propósito. Una y otra vez, incluso después de haber comenzado su obra, la tremenda oscuridad aparece durante un rato, y cada nueva «tarde» parece tragarse la luz. Pero, también una y otra vez, el Dios de pacto, «Elohim», sujeta las tinieblas cada «mañana» e incluso las utiliza para formar «días» de una bendición siempre creciente, pues, como está escrito, «Y fue la tarde y la mañana un día», hasta que el séptimo día viene y entonces ya no leemos nada acerca de nuevas «tardes». Bendito sea Dios porque no pocos distinguen por gracia estas siete etapas en su propia experiencia. Ellos saben que hasta que la Palabra o el Verbo no ha hablado no hay luz en ellos que les permita ver su ruina. Lo que las inquietas e infecundas aguas hacen es lo que la luz primeramente revele. Pero el descubrimiento en sí de la esterilidad ya es un progreso. Hasta que esto no es descubierto, no se forma cielo alguno. Hasta que el cielo no está formado, la tierra ni produce frutos ni se desarrolla o progresa. Hasta que los frutos aparecen, no hay lumbreras en los cielos, que gobiernen el día y la noche, ni seres vivos de las aguas o de la tierra. Cada etapa es una preparación para algo todavía más perfecto. Conocemos a Dios únicamente cuando somos conscientes de nuestra necesidad. Y por su obrar en nosotros nos hace conocer lo que significa tener un Dios de pacto, cuya plenitud sale al paso de todas y cada una de nuestras necesidades, y cuyo nombre y naturaleza es la garantía de nuestra liberación.

Tomemos especialmente nota de que «Elohim» obra no sólo *en* la criatura sino también *con* la criatura. Esto es en verdad expresión de la más maravillosa y abundante gracia. Pues es sólo por gracia que «Elohim» restaura y salva a su criatura caída. Sin embargo, es todavía señal de una gracia mayor el hecho de que, en la restauración, convierta a esa criatura en un compañero de trabajo suyo. Y así es, pues él es quien dice: «Produzcan las aguas» y «produzca la tierra» (Gn. 1:11, 20, 24). En otras palabras: Dios llama a la criatura caída a que trabaje y labore con él. Su amor es ciertamente la causa de todo y, su Palabra, el agente por medio del cual lo efectúa todo. Pero, repetimos, Dios no lleva a cabo su trabajo independientemente de la criatura, sino juntamente con ella. Precisamente aquí está la raíz de la verdad de la doctrina de la evolución. Pues no se trata de que la naturaleza, sin ninguna ayuda o aparte de Dios, pueda recrearse o cambiarse, o dar por sí misma lugar a nuevas y más avanzadas formas de vida hasta llegar al hombre como ser que lleva la imagen de Dios; sino más bien que, aunque la criatura se encuentre en su estado caído más bajo, conserva unos poderes que Dios acepta como la matriz de la cual, por medio de sucesivos nacimientos, acelerados por la palabra divina, él puede hacer brotar formas más y más avanzadas de vida, cada una de las cuales mostrando una mayor semejanza con su imagen. Y el hecho de que esta tierra, cuando Dios comenzó a obrar en ella, era en sí la ruina de una creación anterior (Is. 45:18) (los escombros, si no estoy equivocado, de lo que una vez fue el brillante reino espiritual de Satán y sus ángeles, destruido por él), puede explicar lo que parece tan confuso, a saber: que debe haber en toda naturaleza lo que algunos han llamado «concausación del mal». Dios ciertamente adoptó las tinieblas de cada «tarde» y las incorporó en los «días» en un orden creciente, hasta llegar al séptimo, que ya no tenía tarde. ¿No contenían la «tierra» y las «aguas» los gérmenes de su naturaleza caída y corrupta, y no se manifiestan incluso cuando «Elohim» les ordena producir nueva vida? Ciertamente, en nuestra regeneración vemos cómo el viejo hombre se muestra, y cómo es incluso estimulado por la Palabra, que extrae de la criatura caída nuevas y extrañas formas de vida. Semejante forma de obrar muestra lo que «Elohim» es, el cual, en su fidelidad y gracia, es indulgente con las formas imperfectas de vida (el «pez» mudo y «todo cuanto se arrastra») hasta que «crea» (Gn. 1:27) al hombre a su propia imagen, cuando «todo es muy bueno». Siempre ha sido así: Moisés antes que Cristo; la carne o la letra antes que el Espíritu; pero todo proviniendo de Dios y demostrando su gracia, por la cual obra no sólo en la criatura sino también con la criatura.

Tal es la luz que el capítulo con que Génesis comienza arroja sobre el significado especial del primer nombre de Dios, «Elohim». Para ilustrar con todo detalle su importancia sería necesario un examen de cada pasaje de la Sagrada Escritura donde este nombre aparece. Pero intentar eso aquí sería imposible; además, tampoco es necesario. Cualquier lector cuidadoso, una vez en posesión de la clave que el nombre hebreo conlleva, puede probar que la idea que encierra es siempre la de «uno que está bajo pacto». Una selección de textos solamente daría una parte de la evidencia. Pero puedo citar algunos para demostrar cuán distintivamente el nombre «Elohim» se refiere a —e implica— uno que permanece en una relación de pacto.

Consideremos los siguientes ejemplos. Primero, las palabras de Dios a Noé: «Y dijo Elohim a Noé: he decidido el fin de todo ser... Mas estableceré mi pacto contigo» (Gn. 6:13, 18). «He aquí yo establezco mi pacto con vosotros, y con vuestros descendientes después de vosotros y con todo ser viviente que está con vosotros... Ésta será mi señal de pacto que yo establezco entre mí y vosotros... Mi arco he puesto en las nubes... Y me acordaré del pacto mío... que he establecido entre mí y toda carne que está sobre la tierra» (Gn. 9:9-17). Asimismo, en sus palabras a Abraham, el nombre «Elohim» denota la misma relación: «Yo soy el Dios Todopoderoso; anda delante de mí y sé perfecto. Y estableceré mi pacto entre yo y tu, y tu descendencia después de ti en sus generaciones... para ser tu Dios y el de tu descesdencia... y seré el Dios («Elohim») de ellos« (Gn. 17:1-8); es decir, estaré con ello mediante una relación de pacto. Así, una y otra vez leemos lo que «Elohim» recordaba: «Y se acordó Dios («Elohim») de Noé (Gn. 8:1); y, de nuevo: «Cuando destruyó Dios las ciudades de la llanura, Dios («Elohim») se acordó de Abraham, y envió fuera a Lot de en medio de la destrucción» (Gn. 19:29); y, otra vez: «Y se acordó Dios («Elohim») de Raquel» (Gn. 30:22; Éx. 2:24). Hay la misma referencia a un pacto en las palabras de Dios a Isaac (Gn. 26:24) y a Jacob (Gn. 28:13, 14), e igualmente en las del moribundo José: «Yo voy a morir, mas Dios («Elohim») ciertamente os visitará, y os hará subir de esta tierra a la tierra que juró a Abraham, a Isaac y a Jacob» (Gn. 50:24). También Moisés se refiere al mismo pacto (Éx. 6:2, 3, 4, 7, 8; Dt. 7:9). El gozo de David en el Señor, su Dios, es también que «Él siempre se acordará de su pacto» (Sal. 111:5). Por lo tanto, en sus mayores desgracias, «se alienta en Dios», diciendo: «Espera en Dios (alma mía), porque aún he de alabarle, Salvación mía y Dios mío» (Sal. 42:5, 11). Sus últimas palabras abundan en lo mismo: «Aunque no es así mi casa para con Dios, sin embargo él ha hecho conmigo pacto perpetuo, ordenado en todas las cosas, y será guardado» (2º S. 23:5), pues Jehová «Elohim» ha dicho: «Para siempre le conservaré mi misericordia, y mi pacto con él será estable» (Sal. 89:28). Así es con todos los santos. El hecho de que Dios es «Elohim», o sea uno «que guarda el pacto» (1º R. 8:23), significa que él es el fundamento de la esperanza de sus criaturas en cualquier apuro. «Dios es nuestro amparo y fortaleza» (Sal. 46:1). «Éste es mi Dios (y) Dios de mi padre» (Éx. 15:2). Y él ha dicho: «Yo estoy contigo, y te guardaré por dondequiera que fueres» (Gn. 28:15), pues es «Dios de dioses, y Señor de señores... que hace justicia al huérfano y a la viuda» (Dt. 10:17). «Padre de huérfanos y defensor de viudas es Dios en su santa morada» (Sal. 58:5). El Creador fiel (1ª P. 4:19) no puede fallar a sus criaturas. Ellas pueden ser, y de hecho son, indignas, pero él es «Elohim» para siempre. Por tanto, dice: «Miradme a mí, y sed salvos todos los confines de la tierra, porque yo soy Dios («Elohim»), y no hay más. Por mí mismo hice juramento, de mi boca salió palabra en justicia, y no será revocada: Que a mí se doblará toda rodilla, y juraré toda lengua» (Is. 45:22, 23).

Y ésta es la verdad que, sobre cualquier otra, el Evangelio descubre en la vida y conducta de «quien es la imagen del Dios invisible» (Col. 1:15; He. 1:3), que ha venido a revelarnos un amor de Dios que no puede fallar porque somos «su linaje» (Hch. 17:28). Necesitamos también saber que Dios «ama la justicia y odia la iniquidad», y, por consiguiente, que debe juzgar todo mal, hasta destruirlo, y «lo mortal sea absorbido por la vida» (2ª Co. 5:4). Y esto, como veremos, es la lección especial que enseña el segundo nombre de Dios, «Jehova». Pero más allá de todo esto, Dios todavía es «Elohim», es decir, Dios, bajo pacto. Puede que sus criaturas no lo sepan. Incluso puede que su iglesia vea esto oscuramente. Pero Dios ha dicho: «No olvidaré mi pacto, ni mudaré lo que ha salido de mis labios» (Sal. 89:34). Bien puede Pablo argumentar: «Un pacto, aunque sea de hombre, una vez ratificado, nadie lo invalida, ni le añade» (Gá. 3:15). Visto como «Jehova», Dios de la ley; y «la ley produce ira; pero donde no hay ley, tampoco hay transgresión» (Ro. 4:15). Pero «el pacto previamente ratificado por Dios para con Cristo, la ley que vino cuatrocientos años después, no lo abroga como para invalidar la promesa» (Gá. 3:17). La ley fue necesaria en su momento para mostrar a la criatura lo que es para destruir en el hombre la vida caída de independencia. Pero «el ministerio de muerte y condenación» es «pasajero», mientras que «el ministerio de justicia y gloria permanece» (2ª Co. 3:7-11). Así el apóstol dice de nuevo de los que mataron y rechazaron a Cristo: «... poderoso es Dios para volverlos a injertar... Y este será mi pacto con ellos, cuando yo quite sus pecados. Por lo que atañe al evangelio, son enemigos por causa de vosotros; pero en cuanto a la elección, son amados por causa de los padres. Porque los dones y el llamamiento de Dios son irrevocables... Porque Dios encerró a todos en desobediencia, para tener misericordia de todos. ¡Oh profundidad de las riquezas de la sabiduría y del conocimiento de Dios!... Porque de él, y por él, y para él, son todas las cosas» (Ro. 11:23-36).

Tal es lo que el nombre «Dios», o «Elohim», revela de forma tan plena, prediciendo en sí mismo no poco de lo que ahora llamamos Evangelio: todo esto es lo que el siempre bendito Dios nos quiere enseñar cuando nos asegura que él será «nuestro Dios» (Is. 40:1; Jer. 7:23; 11:4; 30:22; Ez. 34:31; 35:28; *etc.*). «Pues éste es el pacto... Pondré mis leyes en la mente de ellos, y las escribiré sobre su corazón; y seré a ellos por Dios, y ellos serán a mí por pueblo» (He. 8:10). En una palabra: Dios promete involucrando no solamente a él mismo sino también a sus criaturas. La enseñanza de nuestro Señor representa la misma verdad por medio de aquellas benditas palabras, tan poco entendidas, que dirigió a los escribas y fariseos, cuando le objetaron que «recibía a los pecadores» (Lc. 15:1, 2), y que dicen así: «Qué hombre de vosotros», caídos y desgraciados como sois, estaría contento si se le descarriara y perdiera una oveja? ¿O qué mujer se sentiría feliz si hubiera perdido una moneda de plata? ¿No hubieran ambos buscado lo que perdieron hasta encontrarlo? ¿Es el amor de Dios por la creación inferior al de un hombre por una oveja? ¿No es la criatura perdida realmente la pérdida de Dios? ¿Puede él descansar hasta que la encuentre? Y, cuando la ha encontrado, ¿no es su alegría superior a la de la criatura recuperada? Pues no es de la alegría de la oveja una vez hallada, o de la pieza de plata, ni de la del hijo que una vez se perdió, de la que habla nuestro Señor en estas parábolas, sino del gozo del pastor, y de la mujer, y del padre, cada uno de los cuales exclama: «Gozaos conmigo, pues he encontrado lo que había perdido». El nombre «Elohim» dice todo esto y mucho más. Dice que «Dios ha jurado» (He. 6:13). Declara que Dios «queriendo mostrar más abundantemente a los herederos de la promesa la inmutabilidad de su designio, interpuso juramento; para que por medio de dos cosas inmutables (su voluntad y su palabra), en las cuales es imposible que Dios mienta, tengamos un fuerte consuelo los que nos hemos refugiado para asirnos de la esperanza puesta delante de nosotros» (He. 6:17, 18). Éste es nuestro refugio: «Dios no es hombre, para que mienta, ni hijo de hombre para que se arrepienta. Él dijo, ¿y no hará? Habló, ¿y no ejecutará?» (Nm. 23:19). He aquí la esperanza de la criatura. Dios es y será Dios para siempre. Una «gran voz procedente del cielo —ha dicho—: He aquí el tabernáculo de Dios con los hombres, y él morará con ellos; y ellos serán su pueblo, y Dios mismo estará con ellos (como su Dios). Enjugará Dios toda lágrima de los ojos de ellos; y ya no habrá muerte, ni habrá más llanto, ni clamor, ni dolor; porque las primeras cosas pasaron» (Ap. 21: 3,4).

Así es el primer nombre de Dios que las Sagradas Escrituras nos ofrecen. Lo que hasta aquí ha sido dicho para ilustrarlo, aunque satisface los aspectos clave de la idea de Dios que este nombre revela para consuelo de sus criaturas, necesariamente falla (pues lo que hemos dicho es sólo una parte del maravilloso contenido de «Elohim») en expresar las superabundantes riquezas de su amor que jamás abandona, de lo cual este nombre (doquiera aparezca en la Escritura) es testigo constante. Bendito sea Dios por tamaña revelación. ¿No oraremos siempre para que nuestros ojos permanezcan abiertos y entender todo lo que «Elohim» atesora para nosotros y para todas las criaturas? ¿No bendeciremos a quien ha dicho: «Te seré por Dios? ¿No responderá cada corazón: «Mi Dios («Elohim»), en quien confío»? (Sal. 91:2).

2

Señor, o Jehová

El segundo nombre de Dios revelado en las Sagradas Escrituras, «Jehová», que traducimos «Señor», nos muestra cualidades de Dios que, aunque contenidas en «Elohim», este primer nombre no las expresa. Pues «Elohim», como hemos visto, en su propia acepción y por su forma plural, hablaba de Uno cuyo ser implica una relación de pacto para siempre. «Jehová», como veremos, describe a Uno que, sin dejar de ser amor, es también justicia, y debe, por tanto, juzgar el mal, doquiera exista y a cualquier precio. Por supuesto que Dios es el mismo Dios, ya sea visto como «Jehová» o como «Elohim»; pero «Elohim» nos da sólo la idea de Dios como nuestro Salvador. Debemos conocerlo también como «Jehová», si hemos de conocernos a nosotros mismos, o saber lo que cuesta al bendito Dios hacernos «partícipes de su santidad» (He. 12:10).

Permítaseme demostrar más exactamente en qué consiste la diferencia entre estos dos nombres, y cómo el único e inmutable Dios, que en sí es perfecto amor, puede (de acuerdo a como lo aprehendemos) aparecer bajo muy diferentes aspectos o caracteres como amor o como verdad, «Elohim» o «Jehová». Juan nos dice que «Dios es amor» (1ª Jn. 4:8, 16). Eso es absolutamente lo que él es. Pero en la expresión del amor podemos ver que el amor también es justo. En cuanto a su ser, Dios es amor, y «Elohim» lo declara. «Jehová» lo revela como la verdad; y la verdad no es tanto el ser de Dios como la expresión de su ser. Nosotros aprehendemos o percibimos estas dos realidades como siendo diferentes, pero en ellas mismas son y deben ser una. Puede que algunos todavía no entiendan esto. El punto es ver cómo el amor (es decir, Dios) debe manifestarse por medio de la verdad y la justicia. Así el mismo amor en su esencia y en su expresión puede parecer diferente. Si pensamos en su ser o esencia, veremos una voluntad que no puede cambiar porque brota de lo que le es consubstancial: *relación con*. Si pensamos en su expresión, veremos cuán diversamente actúa y cambia, o parece cambiar, en virtud de ciertas cualidades o formas de conducta del amado. El amor incambiable de un padre o, todavía mejor, de una madre ilustra lo primero: un amor que no puede cambiar a pesar de las faltas y fallos del amado. Esto es amor en su ser o la esencia misma del amor. Pero, como acabamos de decir, la expresión de este amor varía en virtud de ciertas cualidades del amado. Si, por ejemplo, un hijo se rebela, o un amigo nos engaña, o una esposa es infiel, habrá una prevaricación. En tales casos, y por mucho que nos duela, debemos olvidarnos de las personas y juzgar el mal en sí; de lo contrario, fomentaremos sus malas obras.

Bien, las Sagradas Escrituras nos confrontan con ambos puntos de vista sobre Dios. Tenemos primeramente la idea de «Elohim», el cual, en virtud de su ser, en el poder del amor a causa de su dinámica esencial de

—y hacia— la *relación con*, se cuida de su criatura caída y obra en ella porque, insistimos, él es amor y, por lo tanto, no puede dejarla ni abandonarla. Ésta es la idea de Dios que se nos muestra tan plenamente en el primer capítulo de la Biblia y tan reconocida e ilustrada dondequiera que leamos de «Elohim» y sus hechos. Pero también está la segunda idea, la que tiene que ver con la expresión del amor, es decir, amor en relación a ciertas cualidades del amado; y esto es lo que el nombre «Jehová» revela tan maravillosamente en cualquier parte. De esta manera se muestra que Dios, que es amor perfecto, también es y debe ser un «Dios de verdad» (Is. 65:16) y que en el amor más verdadero debe haber justicia. El resultado de lo que estamos diciendo se demuestra plenamente con seres o criaturas como nosotros. Si en Dios hay perfecto amor, semejante amor, en su expresión, debe tener en cuenta los conceptos de conducta y cualidad. En otras palabras, si en el amor de Dios hay un elemento de justicia, se formará una brecha entre «Jehová» y su criatura; si en la criatura hay pecado, se producirá una separación entre ella y su Creador.

Aquí tropezamos con el primero y tal vez más grande de los antagonismos que aparentemente hay en Dios, de los cuales están llenas tanto la Escritura como la naturaleza. Dios es ciertamente amor; pero si ama solamente en virtud de la cualidad, ¿cómo puede amar a los pecadores? ¿Qué puede decirles? ¿No debería odiarnos por nuestra maldad? Por otra parte, si ama solamente en virtud de su voluntad relacional, ¿qué llegará a ser de su justicia, la cual debe aborrecer y juzgar el mal? Todo esto parece un difícil acertijo. Pero sin este aparente antagonismo no podemos ver las cosas tal como aparecen; pero su verdad plena y esencial, es decir, lo que las cosas son en sí mismas, puede enseñarse únicamente por la unión de aparentes opuestos. Nosotros necesitamos ver a Dios primeramente como «Elohim». Tal es el nombre con el que Dios comienza la revelación. Pero algo más es necesario para conocer a Dios plenamente. Tan sólo con la idea de Dios que da «Elohim» no puede haber un adecuado concepto ni de la justicia ni del pecado. Pues en «Elohim» lo que vemos principalmente es a Uno cuyo amor obra y vence todo, y cuya voluntad prevalece sobre cualquier inconveniente u obstáculo. Pero se necesita algo más que esto, a saber: el conocimiento de la justicia y del pecado, y de cómo nuestro pecado (que es lo opuesto a la justicia y al amor) hiere u ofende tanto a la criatura como a «Jehová». Todo esto se nos revela mediante el conocimiento del segundo nombre de Dios, «Jehová», «a fin de que el hombre de Dios sea enteramente apto» (2ª Ti. 3:17).

El nombre «Jehová», que de este modo suplementa al primordial «Elohim», aparece primeramente en los capítulos segundo y tercero de Génesis. Ahí Dios es siempre «Jehová Dios (Elohim)», excepto en 3:1, 3, 5, donde la serpiente y Eva dialogan. En estos versículos, Eva y la serpiente omiten el nombre «Jehová» y sólo hablan de «Dios» —como si quisieran cerrar sus ojos a todo excepto que Dios se relaciona mediante un pacto: «¿conque Dios os ha dicho: No comáis de todo árbol del huerto»? y «dijo Dios: No comeréis de él, ni le tocaréis, para que no muráis». Todo esto es importante para el conocimiento de la tentación, pero ahora el objeto de nuestro interés es el contenido y la significación del nombre «Jehová». Este nombre está formado por dos tiempos del verbo hebreo *havah*, «ser» (cf. el *Lexicon* de Parkhust y de Gesenius), y significa «uno que es lo que es». «Jehová», pues, contiene la sustancia de las bien conocidas palabras que Dios dirigió a Moisés: «YO SOY EL QUE SOY» (Ex. 3:14). Tales palabras declaran lo que Dios es y, si no me equivoco, reflejan el sentido y la significación especiales del nombre «Jehová». «Jehová» es, por lo tanto, la expresión del ser de Dios. Como Dios es verdadero ser, aunque es amor, debe ser también justo y santo, pues el mal no es verdadero ser, sino su negación y privación. Aunque no lo entendamos, debemos no obstante creer que «YO SOY EL QUE SOY» implica cuanto acabamos de decir, como las mismas Escrituras atestiguan. Así, los serafines y querubines exclaman «santo, santo, santo, Señor» (Is. 6:2, 3; Ap. 4:8), y el propio Dios dice «Sed santos, porque yo soy santo» (Lv. 11:44, 45). «Jehová», por lo tanto, es Uno que, «siendo lo que es» o por ser lo que es, «ama la justicia y aborrece la maldad» (Sal. 45:7). Consecuentemente, toda forma de mal le es naturalmente antagónica y es resistida y juzgada por él. Pero el reconocimiento de que existe algo a lo que Dios se opone, y que se opone a él, es unicamente posible cuando sabemos de Jehová». Lo que este algo, lo que esta voluntad antagónica a la de Dios implica tanto para la criatura como para «Jehová» se nos dice como sólo Dios puede decirlo. Es una visión maravillosa que se presenta en su forma más distintiva dondequiera que «Jehová» se muestra —de lo cual los capítulos dos y tres de Génesis (que es donde el nombre se nos revela por primera vez) constituyen un buen ejemplo.

Consideramos, pues, más detenidamente estos dos capítulos. En ellos, tanto el hombre como Dios son presentados bajo un aspecto muy diferente del que se nos ofrece en el capítulo primero. Allí, después que las «aguas» y la «tierra» han producido bajo el mandato de Dios todo tipo de criaturas vivientes (literalmente: «criaturas móviles que tienen un alma viviente»), Dios creó al hombre a su propia imagen, y le dio potestad para señorear sobre peces, aves y bestias de todo tipo (Gn. 1:26, 28). Pero en el segundo capítulo, donde «Jehová» aparece, se dice que el hombre fue formado del polvo de la tierra, y que Dios «sopló en su nariz aliento de vida, y fue el hombre (lo que las criaturas ya eran antes que él) un ser viviente» (Gn. 2:7). Nada de esto se ve hasta que «Jehová» es revelado. Inmediatamente después de haber sido formado, el hombre es puesto bajo la ley. En vez del «Dios los bendijo» que encontramos en el capítulo primero (Gn. 1:28), aquí tenemos «Y mandó Jehová Dios al hombre» (Gn. 2:16, 17). ¿Podemos en este punto olvidar las palabras del apóstol, «la ley no fue puesta para el justo» (1ª Ti. 1:9)? Después trajo Dios todos los animales a Adán para que les pusiera nombre, «mas para Adán no se halló ayuda idónea». Lo que allí tuvo lugar no lo sé completamente, pero esto al menos es cierto: cuando Dios creó al hombre a su imagen dijo que «todo era bueno» (Gn. 1:31); ahora, «Jehová Elohim» dice «no es bueno», y el resultado fue que Dios hizo caer al hombre en un «sueño profundo» (un sueño que, según Agustín, es figura de la cruz y muerte de Cristo, puesto que el sueño es hermano de la muerte), después del cual, el hombre, originalmente hecho a la imagen de Dios, es dividido: la mujer es formada del hombre, para que tengamos división donde hasta ese momento había unicidad.

Hasta aquí lo que con ciertas modificaciones se cuenta del hombre. Lo que se dice con respecto a Dios es si cabe todavía más significante. Cada palabra lo presenta como uno que determina la cualidad y busca la justicia. Incluso en el paraíso, él tiene junto al árbol de la vida» «el árbol de la ciencia del bien y del mal» (Gn. 2:9), para llamar la atención desde el principio a la diferencia entre ambos. Después, como ya hemos visto, puso al hombre bajo la ley, le definió tanto lo autorizado como lo prohibido, y le advirtió que la desobediencia traería castigo. Entonces, cuando el hombre desobedece, «Jehová» pronuncia la sentencia, expulsándolo del Edén y diciéndole que comerá el pan con el sudor de su frente hasta que vuelva a la tierra de la que fue tomado (Gn. 3:17-19). Sin embargo, no faltó la nota de esperanza, pues en el mismo juicio de Dios había una promesa de salvación: la descendencia de la mujer herirá en la cabeza a la serpiente (Gn. 3:15). Pero lo que se ve a lo largo de todo el relato es a Uno cuyo amor es cualidad, y cuya voluntad puede ser obedecida o contrariada por sus criaturas (aunque esto último no quedara impune) y que, por lo tanto, está sujeto (si es que se puede decir así) a la aceptación o al rechazo de ellas —lo que significa que puede ser afectado por las destrucciones que el pecado introdujo en la creación. ¡Oh, qué imagen dan de «Jehová» estos dos capítulos de Génesis! Él hizo un paraíso para el hombre que había formado, y lo hizo con toda clase de árbol que era agradable a la vista y bueno para comer. Puso al hombre allí para que paseara y conversara con él. Como Dios es santo, da al hombre un mandamiento que es santo, justo y bueno. Pero el hombre prefiere la palabra de la serpiente a la de «Jehová». Así el paraíso queda sin heredero; la obra de «Jehová», estropeada; su voluntad, contrariada; su ley, violada.

Así es la primera información que tenemos acerca de «Jehová», y cada uno de sus detalles define la idea que de Dios da este nombre en todas partes. Todo lo que las Sagradas Escrituras nos dicen posteriormente respecto a él sólo enfatiza el contraste que existe entre «Jehová» y «Elohim», y revela más extensamente aquellas características de «Jehová» que el relato de la Caída nos narra con tanta claridad. Tomemos, por ejemplo, los capítulos cuarto y quinto de Génesis. El primero de ellos habla únicamente de «Jehová», excepto donde Eva dice algo de «otro hijo» (véase v. 25); el segundo se concentra en «Elohim». En el primero tenemos el registro de la descendencia de la mujer; en el segundo las generaciones del Hijo del Hombre. En el primero se nos habla de los hijos que la mujer concibe y de sus formas de ser. Así, pues, leemos: «Conoció Adán a su mujer Eva, la cual concibió y dio a luz a Caín... Después dio a luz a su hermano Abel. Y Abel fue pastor de ovejas, y Caín fue labrador de la tierra... Y conoció Caín a su mujer, la cual concibió y dio a luz a Enoc; y edificó una ciudad... Y a Enoc le nació Irad... Y Lamec tomó para sí dos mujeres; el nombre de la una fue Ada, y el nombre de la otra, Zila. Y Ada dio a luz a Jabal, el cual fue padre de los que habitan en tiendas... Y el nombre de su hermano fue Jubal, el cual fue padre de todos los que tocan arpa y faluta. Y Zila también dio a luz a Tubal-caín, artífice de toda obra de bronce y de hierro» (Gn. 4:1-22). Esta diversidad de cualidades en los descendientes de la mujer, en la más estricta conformidad con el nombre bajo el cual es revelada, se pone ante nosotros bajo «Jehová», que ama en virtud de la cualidad y que, por lo tanto, «mira con agrado a uno» y con «desagrado» a otro (véase Gn. 4:4, 5); que acepta a uno y que rechaza a otro. Cuán diferente es el contenido del capítulo quinto, donde tenemos las generaciones del Hijo del Hombre bajo «Elohim» y donde no se hace referencia a la cualidad, sino al parentesco. El gran hecho, repetido generación tras generación, de que el hombre «engendró hijos e hijas», y «vivió» un cierto número de años, y «murió» (cfr. Gn. 5:4, 7, 10, 13, *etc.*). Cada palabra es dintintiva y significante. Lo mismo es cierto del juicio del mundo antediluviano, donde el foco de la revelación es «Jehová». Ahí leemos: «Y vio Jehová: No contenderá mi espíritu con el hombre para siempre...; mas serán sus días ciento veinte años... Y dijo Jehová: Raeré de sobre la tierra a los hombres que he creado... Y se arrepintió Jehová de haber hecho al hombre en la tierra» (Gn. 6:3-7). ¿Qué es esto en esencia sino una repetición de lo que vimos en el Edén? Jehová es justo y, por lo tanto, debe juzgar el mal. Pero el pecado del hombre daña y aflige al pecador. Lo hermoso es que, si la criatura sufre, el Creador también sufre. Por esta razón se nos dice: «Y se arrepintió Jehová de haber hecho al hombre en la tierra, y le dolió en su corazón» (Gn. 6:6). Necesito demostrar cómo la idea bíblica de «Jehová» difiere de la «Elohim» «Jehová» ama la justicia. Si el pecado entra en su creación, le ofende, y por lo tanto debe ser juzgado.

No puedo entrar en todos los detalles, pero, no obstante, sí puedo tal vez señalar en el relato del Diluvio cómo los nombres «Elohim» y «Jehová» se intercambian contínuamente y de una forma que sorprende al lector atento. Por ejemplo, en Génesis 6:8 leemos que «Noé halló gracia ante los ojos de Jehová», mientras que en el siguiente versículo está escrito que «Noé caminó con «Elohim». «Jehová es el «Santo, Santo, Santo, Señor», delante del cual incluso los querubines deben «cubrir sus rostros» (Is. 6:2); y el propio «Jehová» dice: «No me verá hombre y vivirá» (Ex. 33:20). Por el contrario, la revelación que se centra en «Elohim» enfatiza el amor en virtud de que Dios es también un Dios de relación. Por lo tanto, Noé y Enoc pueden «caminar con Elohim, y engendrar hijos e hijas» (Gn. 5:22); pero «Noé halló gracia ante los ojos de «Jehová» porque «Noé, varón justo, era perfecto en su conducta» (Gn. 6:8, 9). De nuevo, en Génesis 6:5 leemos: «Y vio Jehová que la maldad de los hombres era mucha en la tierra... Y dijo Jehová: Raeré de sobre la faz de la tierra a los hombres que he creado»; mientras que poco después leemos: «Y Dios (Elohim) miró la tierra, y he aquí que estaba corrompida; porque toda carne había corrompido su camino sobre la tierra. Dijo, pues, Dios (Elohim) a Noé:... he aquí que yo los destruiré con la tierra. Hazte un arca de madera de gofer;... Mas estableceré mi pacto contigo» (Gn. 6:12-18). Mientras que el justo «Jehová» solamente dice «raeré», «Elohim» añade a estas palabras ciertas directrices relacionadas con el «arca» y la promesa de su «pacto». Cada palabra es característica. Así, nuevamente, en Génesis 6:22 leemos: «Así lo hizo Noé; hizo conforme a todo lo que Dios («Jehová») le mandó.» Pero aquí también el contexto muestra la razón para el cambio de nombre. En el mandato de «Elohim» solamente dos miembros de cada especie deberían entrar en el arca (Gn. 6:19), pero estos «dos» deberían continuar la especie, según la voluntad del Dios que ama (en virtud de) la relación. El mandato que añade «Jehová» es: «De todo animal limpio tomarás siete parejas» (Gn. 7:2), pues «Jehová», el Dios que demanda siempre la verdad, busca los sacrificios. Por lo tanto, después del diluvio, «edificó Noé un altar a Jehová, y tomó de todo animal limpio... y ofreció holocausto en el altar» (Gn. 8:20). Y esto ocurrió cuando el juicio justo había purificado la tierra de su contaminación

Pero Israel, a quien este nombre le fue especialmente revelado, es la gran ilustración de lo que «Jehová» realmente es, aunque aquí, como en cualquier otra revelación, se necesitan ojos para ver y oídos para oír lo que la Sagrada Escritura pone ante nosotros. Sin embargo, la revelación difiere según venga por conducto de la Ley, los Profetas, o los Salmos. He aquí la Ley primeramente. En ella, «Jehová» siempre habla como Uno que ama la justicia y requiere lo mismo de su pueblo: «Oye, Israel, Jehová es nuestro Dios, Jehová uno es. Y amarás a Jehová tu Dios con todo tu corazón, y con toda tu alma, y con todas tus fuerzas» (Dt. 6:4, 5). Es decir, serás como el Señor tu Dios. Cada palabra es un mandato de amar como Jehová ama y el requerimiento al amado que practique la justicia y el amor. Este es el pensamiento que se encuentra a lo largo de toda la Ley, ya sea en sus amenazas, promesas o mandamientos. Y así leemos de nuevo: «Si obedecéis cuidadosamente mis mandamientos que yo os prescribo hoy, amando a Jehová vuestro Dios, y sirviéndole con todo vuestro corazón y con toda vuestra alma, yo daré la lluvia de vuestra tierra a su tiempo, la temprana y la tardía, y recogerás tu grano, tu vino y tu aceite» (Dt. 11:13). «Mas si no oís la voz de Jehová, y si sois rebeldes a las palabras de Jehová, la mano de Jehová estará contra vosotros como estuvo contra vuestros padres» (1º S. 12:15). De hecho, la gran ofensa que Israel cometió contra su Dios fue no ser gente santa ni comportarse como pueblo de «Jehová», el Dios que demanda justicia (Am. 3:1-2), a pesar de haber sido redimidos por «Jehová» precisamente para serle «un reino de sacerdotes, y gente santa» (Éx. 19:6). Así, todo lo que se encarga para el servicio y culto a «Jehová» (ofrendas, sacerdotes, templo, altar, *etc.*) conlleva siempre un requerimiento —que debe ser satisfecho para nuestro bien y que exige interminables sacrificios (incluso hasta derramar la vida) y la disposición a darle con alegría lo mejor de nosotros mismos. Por lo tanto, sacrificio hasta la muerte, el derramamiento de sangre hasta agotar la vida misma, es lo que verdaderamente caracteriza el culto a Jehová. Su pueblo debe ser santo: «Santos seréis, porque santo soy yo Jehová vuestro Dios» (Lv. 19:2). Y, otra vez: «Habéis, pues, de serme santos, porque yo Jehová soy santo» (Lv. 4:26).

Si captamos adecuadamente el significado del nombre «Jehová», entenderemos mejor lo que «Elohim» dijo a Moisés, a saber: «Yo soy Jehová. Y aparecí a Abraham, a Isaac y a Jacob como Dios Omnipotente, mas en mi nombre Jehová no me di a conocer a ellos» (Éx. 6:2, 3). Dios ha sido siempre «Jehová», pero en el aspecto de su carácter que este nombre implica (es decir, el de un Dios cuyo amor se manifiesta siempre en virtud de ciertas cualidades) ni siquiera sus elegidos, Abraham, Isaac, y Jacob, le conocieron. Ellos lo habían conocido como «Elohim», es decir, por medio de un pacto, o como «El Shaddai», esto es, como Dios Omnipotente. Todo el contenido del nombre «Jehová» no Egipto, cuando Dios le dio la ley y dijo: «Sed santos, porque yo soy santo.» Eva si lo había conocido (Gn. 4:1), por cuanto fue juzgada. Noé también lo conoció (Gn. 9:26), porque vio el Diluvio. Pero la vida de fe, filiación y servicio, de la cual Abraham, Isaac y Jacob son figuras, a menudo es muy anterior al conocimiento de «Jehová».

Hasta aquí la revelación de «Jehová» por medio de la Ley. Pero el mismo amor de cualidad no es menos evidente en lo que los profetas testifican de Él. «Pero el hombre que sea justo, y obre según el derecho y la justicia... que camine en mis ordenanzas, y guarde mis decretos para obrar rectamente, éste es justo; de seguro vivirá, dice el Señor Jehová» (Ez. 18:5, 9); mas el que no haga todas estas cosas «de cierto morirá, su sangre será sobre él» (Ez. 18:12). Éste es el incesante testimonio de los «profetas de Jehová» (1º S. 3:20; 1º R. 22:7; 2º Cr. 28:9). Ellos clamaron en alta voz, y elevaron sus voces como trompetas, para mostrar al pueblo de Jehová sus transgresiones, y a la casa de Jacob sus pecados (Is. 58:1), diciendo: «Con amor eterno te he amado» (Jer. 31:3) y no obstante «el alma que pecare, ésa morirá» (Ez. 18:4, 20). Pues «yo soy Jehová tu Dios, fuerte, celoso, que visito la maldad de los padres sobre los hijos hasta la tercera y cuarta generación de los que me aborrecen, y hago misericordia a millares, a los que me aman y guardan mis mandamientos» (Éx. 20:5-6). Este testimonio jamás cambia. Los Salmos están llenos de él: «Sobre los malos hará llover calamidades; fuego, azufre, y viento abrasador será la porción del cáliz de ellos. Porque Jehová es justo y ama la justicia; los rectos contemplarán su rostro» (Sal. 11:6-7).

Pero la historia de Israel nos demuestra repetidamente que, como en el caso del mundo antediluviano, a pesar de la inflexibilidad con que Dios juzga solamente unos pocos piensan que el pecado ofende y hiere a «Jehová», y que él también sufre si su pueblo es desobediente y se apena por las destrucciones que el pecado acarrea. A menos que veamos esto, no conoceremos a «Jehová». Pero aquí, como a través de todo cuanto se nos informa de él, el testimonio es sumamente claro. Una y otra vez, cuando Israel pecaba, la ira de Jehová se encendía contra su pueblo y lo abandonaba en manos de sus enemigos. Pero no solamente Israel es «afligido en gran manera», sino que de «Jehová» también se escribe que «fue movido a compasión a causa del sufrimiento de Israel» (Jue. 10:6, 7, 9, 16). Así, el profeta nuevamente declara: «...he aquí que soy oprimido debajo de vosotros, como lo es un carro lleno de gavillas» (Am. 2:13). Es decir, «Jehová» es oprimido y cargado; y gime. Similarmente, dice el salmista: «Cuarenta años estuve afligido a causa de esta nación en el desierto» (Sal. 95:10). «En toda angustia de ellos él fue también angustiado» (Is. 63:9). Podemos hacernos una idea de la profunda tristeza de «Jehová» por medio de estas palabras: «¿Cómo podré abandonarte, oh Efraín? ¿Cómo podré entregarte, oh Israel? ¿Cómo podré yo hacerte como Admá, o ponerte como Zeboím? Mi corazón se revuelve dentro de mí, se inflama toda mi compasión» (Os. 11:8).

Somos lentos para entender todo esto. Y, sin embargo, si Jesucristo revela a «Jehová»; si él es verdaderamente «el resplandor de su gloria y la representación de su ser real» (He. 1:3); si él es, como dice el apóstol, «la imagen del Dios invisible» (Col. 1:15), entonces su cruz y sus sufrimientos no solamente demuestran que el pecado trae muerte y aflicción a los hombres, sino (si es que podemos decirlo así) también aflicción y pena a «Jehová». La cruz de Cristo es el testigo de la cruz de «Jehová», aunque por su cruz él conquista todo. «Ciertamente él llevó nuestras aflicciones» (Is. 53:4). ¿No le afligió el que su pueblo le rechazara? «Y cuando llegó cerca, al ver la ciudad, lloró sobre ella» (Lc. 19:41). ¿No estaba apenado? Organiza una fiesta, y ninguno vendrá excepto los que son obligados. Él dice: «Mirad, ya he preparado mi banquete;... Mas ellos, sin hacer caso, se fueron (rogando ser excusados)» (Mt. 22:4, 5; Lc. 14:16-18). ¿Podemos malentender estas palabras suyas, a menudo repetidas: «¡Cuántas veces quise juntar a tus hijos... y no quisiste!»? (Mt. 23:37; Lc. 13:34). Su queja es: «Extendí mis manos todo el día a un pueblo rebelde» (Is. 65:2; Ro. 10:21). Su voluntad es temporalmente contrariada. ¡Oh maravilla de las maravillas! «Jehová» sufre como únicamente el amor justo puede sufrir.

Pero todavía hay mucho más en la revelación de «Jehová», aun cuando una buena parte de su pueblo vea todavía tan sólo oscuramente la corona gloriosa de dicha revelación. El no es únicamente el Dios que demanda justicia; ni tampoco es solamente el que es afectado por las destrucciones que el pecado ha traído sobre el hombre; sino todavía más, bendito sea su nombre, pues su justicia no es plenamente declarada hasta que él no hace a sus criaturas justas con su divina justicia. Lo primero que vemos en él es la ley, porque es justo, por lo tanto, debe condenar el mal. Pero erraríamos grandemente si concluyéramos que esto es el fin, pues el nuevo pacto de gracia también es suyo (Jer. 31:31-34; He. 8:-12). Es «Jehová» quien dice: «Este es el pacto que haré después de aquellos días» — es decir después que la ley haya hecho su obra de condenación— y «Pondré mi ley en sus mentes y la escribiré en sus corazones, y les seré por Dios y ellos me serán por pueblo.» La justicia no es completa si sólo juzga y condena, pues el diablo también puede condenar. La justicia más alta juzga, por supuesto, el pecado, pero no descansa hasta hacer justo al pecador. Los santos han sentido siempre que la justicia de Dios es por ellos, pero no contra ellos, por eso dicen: «Conozco, oh Jehová, que tus juicios son justos, y que conforme a tu fidelidad me afligiste» (Sal. 119:75). «Por tu nombre, oh Jehová, me vivificarás; por tu justicia sacarás mi alma de la angustia» (Sal. 143:11). «En tu nombre (tu pueblo) se alegrará todo el día, y en tu justicia será enaltecido» (Sal. 89:16). Porque Dios es justo, el mal debe ser juzgado y, el malhechor, castigado. Pero, si bien juzgando el mal y condenando al pecador, Dios prueba ser justo, no es menos justo cuando hace del pecador juzgado un participante de su santidad (He. 12:10). Por eso Pablo llama al Evangelio «el ministerio de justificación», el cual excede en gloria a la ley, o «ministerio de condenación», cuya gloria es inferior (2ª Co. 3:7-9). Y en otra parte dice que, siendo justificados gratuitamente por la gracia de Dios, declaramos la justicia divina (Ro. 3:24, 25). Por lo tanto, añade que «así como el pecado reinó en la muerte, así también la gracia reine por medio de la justicia para vida eterna mediante Jesucristo, nuestro Señor» (Ro. 5:21). «Jehová» no está contento con ser él solamente justo. A diferencia de aquel fariseo que da gracias a Dios porque no es «como los demás hombres» (Lc. 18:11), «Jehová» hará que la criatura sea como él, poniéndose en su lugar, y haciéndolo partícipe de su justicia. En una palabra: él es justo y también el que justifica (véase Ro. 3:26). «Él me guiará por sendas de justicia por amor de su nombre» (Sal. 23:3).

En resumen, como dice el profeta: «... éste será su nombre con el cual le llamarán: Jehová es nuestra justicia» (Jer. 23:6). Esto, y nada menos, es «el fin del Señor» (Stg. 5:11). Él condena para justificar; mata para dar vida; es decir, para hacer al hombre justo como él es justo (Sal. 85:16-18); 118:18-20; Is. 26:9). Pero, como he dicho, no son pocos los que no pueden ver claramente esta parte de la revelación de «Jehová». Incluso hombres de fe, como Abraham, no la ve durante un tiempo. Finalmente vino a la luz después que el hombre de fe es cambiado de Abram a Abraham.

He aquí un breve bosquejo de la revelación de «Jehová». Cuando la vemos en su totalidad pone de manifiesto lo que tan lentamente aprendemos: Dios muestra su amor por nosotros tanto por medio de su justicia como por medio de su deseo de relación. E incluso más: el juicio y la condena implican bendición. En otras palabras: Jehová es un Salvador tan verdadero como «Elohim.» Todo esto demuestra también que los nombres de Dios (como ocurre con los Evangelios) se sobreponen, conteniendo cada uno de ellos algo de ese amor indecible, cuya grandeza puede solamente expresarse paso a paso, en sucesivas revelaciones y en la medida en que la podemos sobrellevar. Ciertamente, en la acción de «Elohim» de separar la luz de las tinieblas, las aguas de arriba de las de abajo, y la tierra fértil de las aguas saladas e infecundas (Gn. 1:4, 6, 9), vemos algo de ese amor discriminatorio que es característico de «Jehová», en tanto este nombre expresa el verdadero ser y revela a uno que, por la verdad, debe condenar toda forma de mal e injusticia. Aquí podemos ver, incluso cuando juzga a sus criaturas para que sean como él, indicios o señales de ese amor que no abandona, del cual Elohim es testigo; mientras que en su acción de dar su naturaleza y justicia a sus criaturas tenemos destellos fugaces de lo que el siguiente nombre, «El Shaddai» o «Todopoderoso» nos revela más distintivamente. Esto es así porque las perfecciones de Dios son inseparables. Todas están en todas, aunque las tengamos que aprender gradualmente, de acuerdo con nuestra necesidad de revelación creciente.

Solamente añadiré aquí que cuando «Jehová» es revelado por primera vez, como ocurre en los capítulos segundo y tercero de Génesis, su nombre, «Elohim», también es añadido, excepto donde la mujer y la serpiente hablan únicamente de «Elohim», como hemos visto. Cada acto y palabra es de «Jehová Elohim» para demostrar que, aunque él es todo lo que «Jehová» expresa (a saber, uno que es justo y debe juzgar el pecado), nunca deja de ser «Elohim» también, que ama sin abandonar jamás, porque su amor incluye y busca la relación con la criatura y que, por consiguiente, al final, aunque el hombre caiga, hay esperanza para él en Dios (Sal. 3:2; 42:11).

Éste es el Dios que dice: «No hay Elohim aparte de mí. Miradme a mí, y sed salvos, todos los confines de la tierra, porque yo soy Dios, y no hay más.» Y «Yo soy Jehová, Dios justo y Salvador.» Y, de nuevo, «Ciertamente se dirá de mí: En Jehová tengo justicia y fuerza. En Jehová será justificada y se gloriará toda la descendencia de Israel» (Is. 45:21, 25). Los nombres son a menudo entremezclados, pero siempre con un propósito: destacar algo distintivo de nuestro Dios, el conocimiento de lo cual se añade a la fuerza o la alegría de su pueblo. «Bienaventurado el pueblo que sabe aclamarte; andará oh Jehová a la luz de tu rostro. En tu nombre se alegrará todo el día, y en tu justicia será enaltecido» (Sal. 89:15, 16).

Entonces, hagamos nuestra la oración de Moisés: «Te ruego que me muestres tu gloria,» cuando, como Moisés, «Jehová pasa por delante de nosotros,» y proclama su nombre —«¡Jehová! ¡Jehová! fuerte, misericordioso y piadoso; tardo para la ira, y grande en misericordia y verdad; que guarda misericordia a millares, que perdona la iniquidad, la rebelión y el pecado, y que de ningún modo tendrá por inocente al malvado» (Éx. 33:18 y 34:6, 7). Finalmente, digamos con el salmista: «A Jehová cantaré durante toda mi vida; a mi Dios cantaré salmos mientras exista» (Sal. 104:33 y 91:2).

3

Dios Todopoderoso, o El Shaddai

Ya hemos visto cómo la revelación de los dos primeros nombres de Dios, «Elohim» y «Jehová», implica lo que parece un antagonismo. «Elohim» es uno que está en una relación de pacto, que ama en virtud de su ser relacional y que, según su propósito, lleva a cabo la obra de nueva creación hasta que todo es muy bueno. «Jehová», por otra parte, revela el verdadero ser y, por lo tanto, se opone a todo lo que es falso y malo, es decir, a todo lo que no es verdadero ser. Consecuentemente, toda forma de mal debe ser juzgada por él, porque su voluntad es contrariada por el mal, aun cuando el propio «Jehová» sufra con sus criaturas juzgadas. No podemos negar que aquí hay algo que parece una contradicción entre un Dios que realiza sus propósitos según su voluntad y otro cuyo corazón es entristecido y cuya voluntad es rechazada por la criatura desobediente. Pero la Sagrada Escritura no se abstiene de repetir esta aparente contradicción. Vemos esto en la aparente oposición entre la verdad de la gracia de Dios y la libre voluntad del hombre, y también en la no menos aparente contradicción relacionada con el sacrificio y muerte de nuestro Señor, que fue a la vez una ofrenda agradable y desagradable. Se ha preguntado cómo puede ser verdad que todo ocurra por la gracia de Dios. Pablo dice: «Así que no depende del que quiere, ni del que corre, sino de Dios que tiene compasión» (Ro. 9:16); y, sin embargo, Dios dice «y no queréis venir a mí para que tengáis vida» (Jn. 5:40), y «¡Cuántas veces quise juntarte, y no quisiste!» (Mt. 23:37). ¿Cómo es posible que el sacrificio de nuestro Señor pudiera ser ofrenda voluntaria, que agradara a Dios, y, a la vez, la condición impuesta por el propio Dios para vindicar su ley? Sin embargo, las Sagradas Escrituras enseñan distinta, pero claramente, que el sacrificio de Cristo tiene estos dos aspectos. En realidad, cuando nuestra atención no se centra en las cosas como aparecen, sino como son, descubrimos que ningún sacrificio es perfecto a menos que sea voluntario e involuntario. Así es con Dios mismo. Solamente en la unión de aparentes opuestos (como ya he dicho) podemos captar destellos de su inmensurada e inmensurable plenitud. Por consiguiente, contender tan sólo por una cara de la verdad a expensas de la otra, simplemente porque, dadas las limitaciones de nuestra naturaleza actual, no podemos lógicamente reconciliarlas, sería cerrarnos al conocimiento más perfecto que Dios quiere llevarnos por medio de diversas revelaciones. Pero ¡cuántos son estrechos en sus propias entrañas! (2ª Co. 6:12, 13), perdiendo por ello la plenitud de la luz que siempre trae la aceptación de cada rayo de la verdad divina, por mucho que parezca diferenciarse el uno del otro.

Tanto los santos como los pecadores pueden equivocarse si tienen una visión parcial de la verdad. Por una parte, las almas despreocupadas, con su vaga esperanza de alguna futura salvación, sobre las bases de que Dios es misericordioso y «no puede dejarnos ni abandonarnos», cierran sus ojos al hecho no menos cierto de que también es justo y por ello juzga el mal y hasta al último de los malhechores. Por otra parte, los que han aprendido que Dios es justo y que su voluntad es contrariada por el pecado que él debe juzgar, piensan que la voluntad de Dios será siempre una porción de sus criaturas. Si las almas descuidadas pudieran solamente entender que su forma de pensar ignora la santidad de Dios, y que toda expresión del mal debe ser juzgada antes o después (porque el Señor es justo), difícilmente podrían vivir tan despreocupadamente como viven, sino que se juzgarían a ellas mismas para no ser juzgadas por el Señor. En cuanto a los que piensan que Dios, por ser justo y juez supremo del mal, debe condenar a una parte de los pecadores, si conocieran al Señor como se ha revelado bajo los nombres «Todopoderoso» y «Altísimo», verían que su punto de vista de «Jehová» no es' completo y también que hay poderes en Dios para impedir que su voluntad sea contrariada para siempre, y que esos poderes, operando primeramente en sus elegidos, y después por ellos mismos, pueden y deben cumplir su voluntad, porque él quiere que todo los hombres sean salvos y vengan al conocimiento de la verdad (1ª Ti, 2:4-6).

Pues los nombres tercero y cuarto bajo los cuales Dios se revela en la Sagrada Escritura, el nombre «Todopoderoso», por el cual se dio a conocer a Abram, el nombre de fe, y el nombre «Altísimo», por el que se revela al rey cananeo Melquisedec, si los leemos justamente, descubriremos que dan la solución de Dios para la aparente contradicción, y la dan, primeramente, a los elegidos y, después, a los que se encuentran tan alejados de él como los cananeos. Pero, para conocer a «El Shaddai», debemos ser como aquel a quien primeramente se le reveló el nombre; mas, aunque fuéramos así, hay todavía muchos pasos que dar antes de que la revelación nos sea concedida. Pues el hombre de fe «se va de su tierra y de su parentela, y de la casa de su padre», y tiene ciertas experiencias en Canaán, y desciende a Egipto, y niega a Saray, y todavía no tiene la descendencia prometida, aunque la ha buscado ya por medio de Agar, es decir, por medio de la ley, y por sus propias fuerzas (Gn. 12:1, 5, 11, 12 y Gá 4:24), antes de que oiga las palabras «yo soy el Dios Todopoderoso» y aprenda por experiencia y juicio propios que el poder de Dios se perfecciona en nuestra debilidad. Si no conocemos este camino, deben de haber, no obstante, cosas más allá de nosotros mismos en la revelación de «El Shaddai», aun cuando podamos ser hombres de fe como Abram que buscan la obediencia. Pero llega el momento en que el nombre es conocido, cuando aprendemos de hecho cómo la obstinada criatura puede ser bendecida, y la voluntad de «Jehová», contrariada por el pecado del hombre, de aquí en adelante ya no lo será más merced a la gracia divina. El Señor, el «Todopoderoso», me ayude en la exposición de lo que «El Shaddai», o «Todopoderoso» significa.

Tal vez sea mejor comenzar diciendo lo que este nombre *no* significa, ya que pueden haber falsas interpretaciones de él.

Algunos suponen que «Todopoderoso» describe a uno que tiene poder para cualquier cosa. Pero tal idea de omnipotencia no es la que nos presentan las Escrituras. La Sagrada Escritura dice que Dios es verdad (Is.

65:16) y amor (1ªJn. 4:8). Como Dios es justo y verdadero, «no puede mentir» (Tit. 1:2 y Nm. 23:19). Él «*no puede*». ¿Limita este «no puede» su omnipotencia? ¿Sería más omnipotente si pudiera mentir? Ciertamente, no. La falsedad es debilidad. Por lo tanto, omnipotencia no es tener el poder de hacer cualquier cosa o todas las cosas. Omnipotencia es el poder de realizar y cumplir una naturaleza divina. No es parte de la naturaleza de Dios ser falso o mentir. Por consiguiente, no estamos limitando su omnipotencia cuando decimos que «no puede mentir».

Pero Dios es también amor. Su voluntad es bendecir a todos (1ª Ti. 2:4; 2ª P. 3:9). ¿Sería una prueba de su omnipotencia el que, en vez de ser capaz de salvar y bendecir a sus criaturas, pudiera solamente castigarlas y destruirlas? Tomemos por caso la siguiente ilustración. Supongamos que un escultor quiere hacer su propia imagen en madera, piedra o metal. ¿Sería una prueba de su poder como escultor, si porque la piedra, la madera o el metal fueran difíciles de trabajar, destrozara su imagen? ¿Demostraría esta acción su habilidad? Todo lo contrario. Así ocurre con Dios. Para ser «Todopoderoso» debe ser capaz de llevar a cabo su voluntad y propósito hasta el fin. Y esta voluntad es salvar a sus criaturas y restaurar y reformar su imagen en ellas. Si no puede hacer esto; si no puede hacer «volver los corazones de los... desobedientes a la sensatez de los justos» (Lc. 1:17), no es tampoco capaz de cumplir el deseo de su naturaleza y, por lo tanto, no sería todopoderoso. Yo digo «*si* no puede hacer esto.» Gracias a Dios, él tiene poder para «someter a sí mismo todas las cosas» (Fil. 3:21). Y, porque es amor, «someter a sí mismo todas las cosas» es someter todo al amor.

Ahora bien, este tercer nombre, «Dios Todopoderoso», en hebreo «El Shaddai», considerándolo en relación con las circunstancias bajo las cuales fue revelado al hombre de fe, desvela el secreto de cómo Dios lo hace —es decir, de cómo somete todas las cosas a su amor.

El nombre mismo dice mucho. «El», que es tan frecuente y acertadamente traducido «Dios», en primer lugar significa «poder», «fuerza», y, con este sentido, se usa en muchos pasajes de la Escritura. Así, Labán dice: «*Poder*» (El) hay en mi mano para haceros mal» (Gn. 31:29). Moisés, prediciendo los juicios que recaerán sobre Israel a causa de sus pecados, dice: «Tus hijos y tus hijas serán entregados a otro pueblo,... y no habrá *fuerza* (El) en tu mano» (Dt. 28:32). Donde la palabra se aplica al único Dios verdadero, como continuamente ocurre, siempre asume su poder. De ahí que David diga: «Dios (El) es el que me ciñe de poder» (Sal. 18:32) y «Tú eres el Dios (El) que hace maravillas» (Sal. 77:14). Cuando el vocablo se aplica a los ángeles o a los hombres, la misma idea de poder siempre está presente (Sal. 29:1) Lo mismo ocurre cuando se usa con relación a criaturas inferiores como «Behemoth», que en virtud de su poder es llamado «obra maestra de Dios (El)» (Job 40:19), o a los montes y cedros, que se les llama «montes de Dios (El)» y «cedros de Dios (El)» porque sobrepasan en magnificencia a otros (Sal. 36:6; 80:10). La idea que expresa «Shaddai» es diferente, aunque también describe poder, no el de la violencia, sino el de la generosidad. «Shaddai» principalmente significa «uno que tiene pecho», y el término proviene de la palabra hebrea «shad», que quiere decir «el pecho» o, más exactamente, un «seno o pecho de mujer.» Parkhurst explica así el nombre: «Shaddai, uno de los títulos divinos, significa "el Vertedor o Derramador" de bendiciones temporales y espirituales»? Ahora bien, si lo que fluye de un pecho no es adecuadamente recibido, ahoga al bebé; si la lluvia no es absorbida por la tierra, forma torrentes que causan destrucción y ruina. La misma palabra adquiere el significado de *arrebatar* o *desolar*. Esta idea también puede ser conectada con el nombre «Shaddai», pues las bendiciones y dádivas mal usadas se transforman en maldiciones. El nombre emparentado, «Sheddim», referido a objetos de culto idólatra en otras partes de la Escritura, describe «los ídolos de múltiples pechos, representando los poderes geniales de la naturaleza» que «eran adorados por los paganos como dadores de la lluvia y de los frutos» (véase Parkhurst, *Hebrew Lexicon* bajo «Shaddai»). «El Shaddai» es el auténtico Dador de Su propia vida, del cual los «Sheddim» paganos representaban la perversión idólatra. Los hombres de fe han confiado siempre en este nombre, de cuya plenitud recibieron gracia sobre gracia.

Si esto se ve, no necesito explicar mucho cómo «uno que tiene pecho» o «el Derramador» o «Vertedor» vino a significar «Todopoderoso». Las madres al menos lo entenderán. Consideremos los siguientes ejemplos. Un bebé está llorando inquieto. Nada puede calmarlo. Sí: el pecho puede. Un bebé languidece y muere de hambre. Su vida se escapa. No puede tomar el alimento adecuado: morirá. No: el pecho le dará vida y lo nutrirá. A causa de su pecho, la madre tiene infinito poder sobre el niño. Tal vez algunos recuerden la vieja historia griega, que ha llegado a nosotros en diferentes formas, y que trata de un niñito que su madre dejó junto a un risco mientras estaba ocupada con su rebaño de cabras. El niño se arrastró inadvertidamente hasta el borde. La madre, temerosa de moverse por si el niño avanzaba más y caía por el precipicio, solamente descubrió su pecho e hizo volver a su hijo. Esta es la figura que Dios ha escogido en su tercer nombre para expresarnos la naturaleza de su omnipotencia. La omnipotencia que hará a sus criaturas ser como él no es de espada ni de mera fuerza. «Jehová» lleva una espada (Dt. 32:41, 42; Ex. 21:3, 5), pero «El Shaddai», el «Todopoderoso», que se reveló a Abram, no es el Dios de espada. Su omnipotencia es de pecho, es decir, de amor generoso y sacrificado, que se da y se derrama por los otros. Por lo tanto, puede tranquilizar al inquieto como el pecho nutre, y atraer como el pecho atrae cuando estamos en peligro de caer de él. Este es el «Todopoderoso». Por ello Juan, cuando tiene la visión de Uno que le declara «Yo soy el Alfa y la Omega, principio y fin,... el que es y que era y que ha de venir, el Todopoderoso», remarca que quien dice «yo soy el Todopoderoso» iba «vestido de una ropa que llegaba hasta los pies, y ceñido por el pecho con un cinto de oro» (Ap. 1:8, 13). Aquí tenemos el vestido y el pecho de una mujer y, no obstante, el que habla es «El Todopoderoso». Éste es «El Shaddai», el «Derramador» o «Vertedor», que se derrama a sí mismo por amor a sus criaturas, que les da su sangre de vida (cfr. Hch. 20:28), que derrama su Espíritu (Hch. 2:17, 33), y que dice «Si alguno tiene sed, venga a mí y beba» (Jn. 7:37) o «Abre tu boca, y yo la llenaré» (Sal. 81:10), y que, por su sacrificio, se da a él mismo y da su propia naturaleza a los que le reciben, para que su voluntad perfecta se cumpla en ellos. El bendito sacramento del cuerpo y la sangre de Cristo es el testigo perenne de que se da a nosotros. Podemos y debemos «comer su carne y beber su sangre», si él ha de vivir y realizar su obra en nosotros.

Por ello, sólo si comemos su carne y bebemos su sangre puede él habitar en nosotros y nosotros en él (Jn. 6:53-57), en virtud de lo cual puede ser el Todopoderoso en nosotros. Y, simembargo, este darse suyo implica juicio: auto-juicio, si somos obedientes, pero juicio del Señor si no lo somos (1ª Co. 11:31, 32).

Tal es la verdad que el nombre «El Shaddai» o «Todopoderoso» proclama en todas partes, pero donde ésta se ve con mayor claridad es en el relato de los hechos del Señor con Abram, que es donde primeramente se revela por este nombre. Abram ya hacía tiempo que era el heredero de la promesa. El Señor le prometió que lo bendeciría y le daría una herenccia y una descendencia tan numerosa como el polvo de la tierra. Pero Abram aún continuaba sin hijos. Sin embargo, movido por la promesa de Dios, usando de su propia energía y de una concubina, trata de obtener lo que sólo le habría de venir por medio de la omnipotencia de Dios. Entonces llega la revelación de «El Shaddai». Dios se da a Abram y Abram se da perfectamente a Dios, y por Dios se hace fructífero. Primeramente, el Señor dice: «Yo soy el Dios Todopoderoso». He aquí la revelación de la fuente de la cual Abram va a recibir todo. Después añade algo al nombre de Abram. Dios pone algo en Abram que lo cambia en el acto de Abram en Abraham. Lo que añade es la letra *He*, la primera letra de su propio nombre «Jehová» (un sonido parecido a un jadeo), dando así al elegido algo de su propia naturaleza. De esta manera, por la comunicación de él mismo y de su aliento o Espíritu, modela a su criatura a su gusto a fin de que sea un canal de bendición para muchos. Enseguida Abram se rinde y se conforma al «Dios Todopoderoso» en todo: primero, en el acto extremo de la circuncisión, que significa el juicio de sí mismo y su rendición, para testificar que su esperanza no radicaba en la carne ni en sus energías, sino en el bendito Dador de él mismo, sólo mediante el cual podemos producir el fruto que le es acepto; en segundo lugar, Abram demuestra su incondicional rendición a Dios por medio de la entrega y el sacrificio de su muy amado hijo, por el que tanto tiempo había esperado, y de quien se había dicho: «En Isaac te será llamada descendencia». Y así, en la expresa renuncia de sí mismo y de su voluntad, el poder del «Todopoderoso» se introduce, y el elegido en su debilidad es hecho fuerte y, por su renuncia a todo, puede ser lleno de la plenitud de su Dios.

Ésta fue la lección que aprendió Abram de la revelación del nombre «El Shaddai». Ésta es la lección que debemos aprender nosotros, si queremos conocer a Dios como «Todopoderoso», capaz de cumplir su propósito en nuestras vidas, y de infructíferos Abrams hacernos Abrahams, es decir, padres de multitudes (Gn. 17:5). Por el derramamiento de su Espíritu, recibimos ese Espíritu que nos hace rendirnos en todo; y dicho Espíritu, aunque libremente dado, lo recibiremos en la medida en que nos hayamos vaciado de toda obstinación y confianza en nosotros mismos. Así es como los elegidos se hacen fructíferos. En tanto carecemos del aliento de Dios, aunque seamos herederos de la promesa, seguimos luchando por hacer nuestra voluntad, incluso cuando nos esforzamos en ganar la promesa (como en el caso de Abram con Agar), estamos contradiciendo y entristeciendo a Jehová. Cuando Dios se revela como Uno que se da y que da su vida por nosotros, y por gracia bebemos su Espíritu (ese «lavamiento de la regeneración y la renovación» que nos viene «por medio de Jesucristo nuestro Salvador», como leemos en Tito 3:5, 6), entonces la voluntad de la criatura se orienta a Dios y se hace una con la de él, y así Dios puede hacer lo que quiere en y con nosotros. Dios, pues, se nos da en la medida en que nos damos a él. Por lo tanto, su omnipotencia se manifiesta en nuestra impotencia. Cuanto menos haya de mí, más hay de Dios. y lo único que se pide del hombre para recibir toda esta omnipotencia es la fe para rendirse a Dios y permitirle hacer lo que quiera con nosotros. ¿Podemos creer hasta el punto de dejarle hacer con nosotros lo que guste? Si es así, como «todas las cosas son posibles para Dios» (Mr. 10:27), entonces «todo es posible para el que cree» (Mr. 9:21). «Naciones y reyes saldrán» del que sea tan bueno como uno «ya muerto» (Gn. 17:6 y He. 11:12). Los elegidos no reciben solamente esta bendición. Abram es testigo de que, cuando se sacrifica el yo para recibir a Dios, muchos otros después de nosotros son también bendecidos. Todas las naciones de la tierra son bendecidas en el elegido cuando es capaz de dar a Dios su fuerza, su vida y todo cuanto tiene, para que la voluntad de Jehová, durante tanto tiempo contrariada, pueda hacer su camino por doquier.

He aquí la lección del nombre «El Shaddai» y de su conexión con la circuncisión (o sea el juicio del elegido sobre sí mismo) y con la más alta fructificación que resulta de ella. El subsiguiente uso de este nombre en las Escrituras únicamente ilustra la misma gran verdad: Dios, dándose y dándonos su vida, puede hacernos como él, dadores de nosotros mismos y de nuestras vidas, primeramente a él y, después, a otros por medio de él. El nombre «Todopoderoso» aparece cuarenta y ocho veces en las Sagradas Escrituras, de las cuales, treinta y una se encuentran en el libro de Job y ocho en Apocalipsis; pero, se encuentre donde se encuentre, todas las alusiones a él repiten implícita o explícitamente esta misma enseñanza. Ya me he referido a las palabras de Abram cuando «El Shaddai» habla y dice: «... guardarás mi pacto;... Circuncidaréis, pues, la carne de vuestro prepucio... y te multiplicaré en gran manera, y haré naciones de ti, y reyes saldrán de ti» (Gn. 17:9, 11, 6). Pero la misma idea de fructificación está presente donde se habla de «El Shaddai». Así cuando Isaac envía a Jacob a Padan-aram a buscar esposa invoca a «El Shaddai», diciendo: «...el «Dios omnipotente te bendiga, y te haga fructificar y te multiplique, hasta llegar a ser multitud de pueblos» (Gn. 28:3). Y es el «Dios todopoderoso» el que dice a Jacob: «crece y multiplícate; una nación y conjunto de naciones procederán de ti» (Gn. 35:11). Es a «Dios todopoderoso» a quien busca Jacob para salvar a sus hijos cuando se entera de que Simeón está detenido en Egipto y su amado Benjamín es requerido para ir allí (Gn. 43:14). Y cuando bendice a sus hijos, lo hace bajo el nombre «Todopoderoso» para que él bendiga a José «con bendiciones de los pechos y del vientre» (Gn. 49:25). El nombre está siempre relacionado con fruto y fructificación, incluso en casos donde lo que se lamenta es la pérdida del fruto. Así Noemí habla dos veces de la muerte de sus hijos como «grande amargura que (le) ha puesto el Todopoderoso» (Rt. 1:20, 21), en tanto en otra parte se nos habla de que una «prole como la hierba de la tierra» es la porción del hombre que no menosprecia «la corrección del Todopoderoso» (Job 5:25, 17). Pues, ciertamente, con Abram como con los elegidos una aceptación del juicio de nuestra carne es la única forma de recibir y después administrar la bendición especial que el «Dios todopoderoso» nos ha preparado.

Pero, como ya he dicho, es en el libro de Job y en Apocalipsis donde encontramos más a menudo el nombre «Todopoderoso», y en ambos casos por la misma razón. Veamos primeramente el libro de Job. Uno puede entender difícilmente la continua referencia a «El Shaddai» en este libro sin percibir algo de su enseñanza distintiva. El propósito del libro es mostrar el uso sacrificial del elegido de Dios y cómo un hombre «cabal y recto que todavía no había muerto al yo, mediante el sufrimiento en la carne es purgado del yo y hecho así un instrumento para silenciar a Satán, primeramente y, después un sacerdote puesto por Dios para orar e interceder por aquellos que lo condenaban. Todos conocemos la historia de cómo Job es despojado, en primer lugar, de su riqueza y de sus hijos y, en segundo lugar, herido con una enfermedad que lo va matando día a día. Tres amigos vienen a ayudarle. «Consoladores importunos sois todos vosotros» (Job 16:2). Ellos, en sus respuestas a Job (Elifaz más que los otros dos) se refiere al —y hace hincapié en— el nombre «Todopoderoso» (cfr. 5:17; 15:25; 22:3, 17, 23, 25, 26). Los amigos parecen usarlo como una clase de prueba de que los sufrimientos de Job son un juicio por sus pecados, pues «Shaddai» ciertamente bendecirá al recto; y si, en vez de bendición, «el Vertedor o Derramador» vierte juicios sobre Job es porque éste debe de ser un malhechor. La única idea que tiene Elifaz del gobierno de Dios es el ejercicio del poder, especialmente para castigar al malvado, pues, cuando habla de los grandes hechos de Dios, sus palabras se refieren principalmente a quebrantar, destruir y perecer (Job 4:19, 20; 5:4; 15:21). Bildad insiste más bien en la justicia de Dios (Job 8:3, 6, 7, 20) y Zofar reprueba a Job sobre las bases de la sabiduría divina (Job 11:6-12). Pero los tres amigos están de acuerdo en que las penalidades de Job deben ser a causa de sus pecados. Ninguno de ellos tiene la menor idea del uso sacrificial que hace Dios de su elegido, ni de cómo por los sufrimientos de sus santos puede Dios hacer callar al enemigo y al vengativo. De estos tres amigos dice Dios que, a pesar de su celo por justificarle, no han «hablado de mí lo recto como mi siervo Job» (Job 42:7). Elifaz es destacado por una especial reprobación (42:7) —y es triste que su visión de la omnipotencia de Dios como algo que sólo sirve para quebrantar, aplastar y destruir sea todavía para muchos la doctrina ortodoxa. Job es aceptado y bendecido a pesar de que afirmara su yo y de su perplejidad ante el hecho de que el «Dios todopoderoso», siendo lo que es, le permitiera sufrir tan diversas agonías (cfr. 24:1; 21:2, 35). Pero finalmente lo entiende. Sus dolores fueron su propia medicina. Job necesitaba ser vaciado para que el «Dios todopoderoso» lo llenara a su debido tiempo de dobles bendiciones.

El día vino, pues, en que Job pudo decir: «Los oídos que me oían me llamaban bienaventurado, y los ojos que me veían me daban testimonio» (29:11). llega el momento en que su carne es juzgada, y exclama: «...mas ahora mis ojos te ven. Por tanto, retracto mis palabras, y me arrepiento en polvo y en ceniza» (42:5, 6). Job, como nosotros, con toda su rectitud hubo de aprender que el yo puede vivir y complacerse no sólo en una vida irreligiosa y mundana, sino también en lo que parece — y en realidad es— auténtica devoción. Job tiene que ser despojado de este yo religioso, y lo es, por «El Shaddai». El juicio de su carne, que es la «circuncisión no hecha a mano, al echar... el cuerpo pecaminoso carnal» por la muerte del yo, que es en verdad «la circuncisión de Cristo» (Col. 2:11), le trae a vaciarse y a la desesperanza en él mismo, y ahí es donde el Señor (como «el Derramador» o «Vertedor») puede llenarlo de su divina plenitud. Job es liberado en el acto y hecho bendición. El ora por sus amigos y es aceptado, y su postrer estado fue mejor que el primero, pues recibe «catorce mil ovejas, seis mil camellos, mil yuntas de bueyes y mil asnas, y tuvo siete hijos y tres hijas... Después de esto vivió Job ciento cuarenta años, y vio a sus hijos, y a los hijos de sus hijos, hasta la cuarta generación» (42:10-16). Aquí había ciertamente fructificación. «El Shaddai», a quien Job había invocado (a pesar de haber sido juzgado por él), lo había en verdad bendecido.

El otro libro donde el nombre «Todopoderoso» aparece con mucha frecuencia es «la revelación de Jesucristo, que Dios le dio» (Ap. 1:1) y que abre así el curso y las etapas de la manifestación de la vida divina en este mundo visible, donde el pecado y la muerte reinan. Aquí, la visión de «El Shaddai», como el «Derramador» o «Vertedor» de juicios, es la más prominente, pues el Apocalipsis muestra la venida de la vida de Dios, no tanto a los elegidos (como se ve en Abram, Job y otros), sino más bien al mundo, que no la recibirá voluntariamente, o que, si en algún sentido es aceptada, solamente la pervierte. El resultado es que, así como el flujo del pecho que no es adecuadamente recibido puede dañar al bebé, y como la lluvia no absorbida por la tierra puede producir torrentes que sólo causan desolación, o como beber la copa de Cristo puede convertirse en una bebida de juicio y damnificación (1ª Co. 11:29) el derramamiento de la vida y del Espíritu divinos en el mundo puede (y en verdad debe) acarrear juicio para que, si no hay otra forma de hacerlo, el verdadero Reino pueda ser introducido. El elegido que voluntariamente recibe la palabra y el aliento de «El Shaddai» prueba que incluso una recepción obediente implica el juicio de la carne. ¡Cuánto más doloroso le será este juicio al mundo que no quiere recibir a Dios! Si la Palabra o el Espíritu viene a tal mundo, será en doble juicio. El punto es que, si el juicio ha de caer inevitablemente incluso sobre aquellos que lo reciben de buena voluntad, ¡cuánto más sobre quienes no abren sus corazones a él! Pues «toda carne es hierba, y toda su gloria como flor del campo... porque el viento (o Espíritu) de Jehová sopló en ella» (Is. 40:6, 7). Por ello, en Apocalipsis, leemos con tanta frecuencia de los vertimientos de «El Shaddai», es decir, de los juicios del Todopoderoso. Sus más preciosos dones traen juicios, depuraciones o castigos a sus criaturas rebeldes; y, naturalmente, el Reino viene. En Apocalipsis se nos muestra las sucesivas etapas de esta venida, y es precisamente al final, cuando se conceden los mejores dones, que el juicio más doloroso tiene lugar. La venida del Señor se revela en tres fases mediante las figuras de la apertura de los libros sellados (o de la Palabra, ya que la voz hebrea para libro y palabra es la misma), el sonido de trompeta, y el derramamiento de las copas. El nombre «Todopoderoso» está conectado con todo esto: una vez con los sellos (Ap. 7:8), otra con las trompetas (11:17) y cuatro veces con el derramamiento de las copas y la última venida del Señor (15:5; 16:7, 14; 19:15). El Cordero viene primeramente para desatar los sellos. Él ha sido el vertedor o derramador de su sangre desde el principio, pues es el Cordero inmolado desde la fundación del mundo (Ap. 5:9 y 13:8), por tanto, él es el que comienza a pregonar su palabra al abrir los sellos, es decir, el misterio de Dios (Ro. 16:25, 26 y Ef. 3:4, 5). Éstos son los juicios al mundo (Ap. 6:1-17). Pero hay todavía un juicio peor cuando el aliento de Dios sale por las trompetas y hiere a «una tercera parte» de la tierra, y del mar, y de los ríos, y del sol, y de todas las cosas del mundo (8:2-9:21). Finalmente, tenemos el derramamiento de las copas de oro del templo, que hiere no solamente a una tercera parte, sino a toda la creación. En esto se consumaba el furor de Dios (Ap. 15:1 y 16:1-24).

Y sin embargo, como William Law dijo hace ya tiempo, «el Amor que produjo la existencia de todas las cosas no cambia a causa de la caída de sus criaturas, sino que está continuamente trabajando para devolver a la naturaleza caída su estado primitivo. Todo esto que pasa durante un tiempo entre Dios y su criatura caída es una y la misma cosa obrando con el mismo fin: y aunque aquí se hable de "furor" o "ira", y allí de "castigo", "maldición" y "muerte", todo es de principio a fin la obra del primer amor creativo, y no significa ni hace más ni menos que las obras del fuego purificador, que es lo único que puede consumir a todo mal que separa a la criatura de su unión primigenia con Dios. La providencia de Dios, desde la caída hasta la restitución de todas las cosas, está haciendo lo mismo que cuando dijo al oscuro caos de la naturaleza caída: «Sea la luz». Él todavía dice y continuará diciendo lo mismo hasta que no quede rastro de tinieblas ni en la naturaleza ni en la criatura. Dios creando, Dios iluminando, Dios santificando, Dios amenazando y castigando, son una y la misma obra de Dios, esencial, inmutable, y eterna. La divina naturaleza que ilumina y glorifica a santos y ángeles en los cielos es la misma que hiere, castiga y purifica en la tierra a los pecadores. Y cada número de pecadores destruidos (ya sea lanzados por el diluvio de Noé o por el azufre de Sodoma al terrible horno de una vida insensible a todo lo que no sea nuevas formas de miseria hasta el día del juicio) deben saber finalmente lo que han perdido y recuperado de nuevo merced al incansable amor redentor de Dios» (*Address to the Clergy*, págs. 171, 172).

El final es una «nueva creación», donde «ya no habrá muerte, ni habrá más llanto, ni clamor, ni dolor» (Ap. 21:4, 5), porque el Señor Dios Todopoderoso y el Cordero serán la gloria y la luz por siempre (Ap. 21:22-24). Así es «El Shaddai», «Dios Todopoderoso», que hace su voluntad en sus elegidos dándose a ellos para que ellos se den a él y sean bendición para otros por medio de la circuncisión o autojuicio, lo cual les hace ser vasos por medio de lo que Dios puede administrar su propia plenitud. En una palabra como Cristo, ellos pueden ser prendas o señales sacramentales de lo que Dios puede hacer en el hombre y medios para que otros puedan recibir la misma bendición. Dios, por su propio sacrificio, los ha hecho participantes de su naturaleza. Ellos, como hijos e hijas suyos, hacen a otros participantes de la misma naturaleza. Su puesta aparte para él los dispone para su trabajo. Como Dios dice: «Salid de en medio de ellos, y apartaos, dice el Señor, y no toquéis lo inmundo... y vosotros me seréis por hijos e hijas, dice el Señor Todopoderoso» (2ª Co. 6:17, 18). Así ellos también se hacen «gente que tiene pecho» y «trasegadores», «vertedores» o «derramadores». En ellos se cumple la promesa dada a Jerusalem de que todos los que la aman maman y se sacian de los pechos de sus consolaciones, para que beban copiosamente, con deleite de la abundancia de su gloria (Is. 66:10, 11). De su interior correrán ríos de agua viva (Jn. 7:38). Por la fe ministran el Espíritu y hacen milagros (Gá. 3:5).

Si todo esto se entiende, podemos comprender mejor por qué la iglesia usa el nombre «Todopoderoso» y comienza tantas oraciones con las palabras «Todopoderoso y muy misericordioso Padre» o «Dios Todopoderoso». Pues por medio de este nombre clama por su Espíritu, confesando que él lo da todo, en tanto que por el mismo nombre la comunidad recuerda a sus miembros cómo, en los mismos dones de Dios, aquellos que comen y beben indignamente pueden comer y beber juicio para ellos mismos. Cuando invoquemos este nombre, recordemos toda la riqueza y solemnidad que contiene, para ser hechos por gracia no sólo «almas vivientes», como Adan, sino «espíritus vivificantes», como Cristo, nuestro Señor, para los que nos rodean (1ª Co. 15:45).

¿No bendeciremos a Dios por este nombre revelado a los hombres de fe? ¿No moraremos bajo la sombra del Todopoderoso?

4

Dios Altísimo, o El Elyon

Hemos visto cómo la idea de Dios revelada a Abram bajo el nombre «El Shaddai», o «Todopoderoso», reconcilia, en lo que al elegido se refiere, la aparente contradicción sugerida por los dos primeros nombres de Dios y por los diversos aspectos de su naturaleza que ponen ante nosotros. El nombre «Altísimo», que es el que vamos ahora a considerar, arroja todavía más luz sobre el mismo punto, revelando a Dios en relación con aquello que no son descendientes de Abram, pero que, no obstante, poseen un sacerdocio cuya orden es anterior y más grande que la de los elegidos, sin que por ello se opongan. El nombre «Altísimo Dios» es revelado en conexión con Melquisedec, el rey de Salem, en tiempos de Abram. Se nos dice que Melquisedec era el sacerdote del Dios Altísimo, y a través de él fue como Abram conoció este nombre, ya que sólo después del encuentro de Abram con Melquisedec, dice aquél: «He alzado mi mano a Jehová Dios Altísimo, creador del cielo y de la tierra» (Gn. 14:22). Por tanto, el conocimiento de este nombre por parte del elegido está de alguna manera relacionado con el conocimiento de Melquisedec y de la naturaleza especial de su sacerdocio como «sacerdote del Altísimo».

Ahora bien, que hay algo muy profundo y especial en el conocimiento de este nombre y sacerdocio, es obvio por la forma en que el escritor de la Epístola a los Hebreos introduce lo que tiene que decir referente a esto. El pasaje está en el quinto, sexto y séptimo capítulo de la epístola. En la porción anterior a estos capítulos, el escritor ha hablado primeramente de «Dios» que «construyó todas las cosas» (He. 3:4) por medio de su Hijo (cfr. 1:2), cuya palabra «es viva y eficaz» (4:12), porque fue designado «heredero de todo» (1:2). Después habla del «Señor», que es siempre el mismo y cuyos años no se acabarán (1:12), por tanto «debemos prestar mucha mayor atención a las cosas que hemos oído, no sea que marchemos a la deriva» (He. 2:1). En tercer lugar, el autor de Hebreos habla de que Dios da su Espíritu a los hombres para que los elegidos puedan ser partícipes de su vida, y dice: «Porque el que santifica y los que son santificados, de uno son todos» (2:11), que es la verdad que se enseña bajo el título «El Todopoderoso», el cual hace a los elegidos partícipes de su naturaleza. Así, pues, el escritor, tras haberse referido a los tres nombres de Dios que ya hemos considerado: «Dios», «Señor» y «Todopoderoso», dice que desea, «si Dios lo permite», hablar ahora de uno que, por ser sacerdote de la orden de Melquisedec, es «sacerdote del Dios Altísimo» (He. 7:1; cfr. también 6:6, 10). Y continúa: «Acerca de lo cual tenemos mucho que decir, y difícil de explicar, puesto que os habéis hecho tardos para oír. Porque, debiendo ser ya maestros... otra vez tenéis necesidad de que se os enseñe cuáles con los primeros rudimentos de las palabras de Dios; y habéis llegado a tener necesidad de leche, y no de alimento sólido» (He. 5:11, 12). A partir de aquí, el escritor súbitamente se interrumpe y hace una larga disgresión que abarca la última parte del capítulo cinco y todo el capítulo seis de la epístola.

Lo que dice en esta disgresión es en esencia esto: «Considerando el tiempo que sois creyentes, debéis ser capaces de ir desde los primeros principios de la doctrina de Cristo, que son como leche para bebés, a las verdades más profundas de la revelación, que son el alimento propio de adultos». Los «primeros principios» consisten de tres cosas. Primera, «arrepentimiento de obras muertas»; segunda, «fe en Dios»; y tercera, «la enseñanza de bautismos, de la imposición de manos, de la resurrección de los muertos y del juicio eterno» (He. 6:1, 2). De ellas, la primera, que toca el «arrepentimiento», está relacionada con «Jehová», el Señor justo y santo; la segunda, que trata de la «fe en Dios», nos remonta hasta «Elohim» y su amor y su amor incambiable en virtud de su ser relacional, y, la tercera, que contiene una doctrina en cuatro partes: en cuanto a «bautismos», que son purificaciones; en cuanto a la «imposición de manos», que son dones derramados; y en cuanto a la «resurrección» y al «juicio eterno», que son los diversos resultados de la obra del Espíritu de Dios en la criatura, tanto obediente como desobediente; y, todo, conectado con el conocimiento de «El Shaddai», el «Derramador» de su propia vida para hacer fructíferas a sus criaturas. A todas estas verdades, que comprenden lo que la mayoría de los cristianos actuales consideran esencial, el escritor de hebreos simplemente las llama «primeros principios» o «enseñanza primaria». «Dejando» esta enseñanza, contínua, «vayamos adelante hacia la madurez». «Y esto haremos —añade— si Dios lo permite» (He. 6:1, 3). Pero Dios puede no permitirlo, pues hay un peligro peculiar a la recepción carnal de la verdad más alta, que está contenida en el nombre «Altísimo» y en la doctrina del sacerdocio de la orden de Melquisedec, la cual está conectada con esta revelación. «Porque —contínua el autor— es imposible que los que una vez fueron iluminados y gustaron del don celestial, y fueron hechos partícipes del Espíritu Santo, y asimismo degustaron la buena palabra de Dios y los poderes del siglo venidero, y recayeron, sean otra vez renovados para arrepentimiento, crucificando de nuevo para sí mismos al Hijo de Dios y exponiéndole a la pública ignominia» (He. 6:4, 6). Porque este conocimiento es como la lluvia que viene muchas veces sobre la tierra y produce hierba provechosa para los que labran, pero puede también producir espinos y abrojos.

Así, mediante este conocimiento superior, un hombre puede llegar a ser peor de lo que era antes, ser maldecido y terminar por ser quemado. Por tanto, el conocimiento del nombre «El Shaddai» puede significar para nosotros tanto un peligro especial como una bendición. Caer en un tremendo orgullo puede ser el resultado de recibirlo desproveyéndolo de su santidad. Si nuestra obstinación es corregida por él, podemos recibir mayor iluminación y ser hechos más perfectos; pero si nuestra voluntad es únicamente estimulada a una mayor auto-afirmación y auto-estimación de nosotros mismos, el conocimiento de «El Shaddai» sólo nos acarreará un juicio más tremendo. Como el viejo John Bunyan dijo cuando le preguntaron qué doctrina era la peor: «No conozco verdad tan peligrosa como la de recibir a Dios con una mente carnal». El conocimiento del «Altísimo» es, por tanto, un secreto (Sal. 91:1); una advertencia divina que nos sale misericordiosamente al paso en nuestro camino hacia el tal conocimiento.

Con esta advertencia, que es la que nos hace el autor de Hebreos cuando habla del «sacerdote del Altísimo», procedo a exponer lo poco que puedo respecto a este nombre de Dios y a las circunstancias bajo las cuales es revelado en la Sagrada Escritura. Si podemos penetrar tanto en el sentido del nombre en sí como en el de su relación con cosas y personas no elegidas, veremos que lo uno y lo otro tiene una gran significación.

Primero, en cuanto al nombre en sí, «Altísimo Dios». Este nombre proviene del hebreo «El Elyon». «El», como en el caso de «El Shaddai», expresa la idea de Dios como «fuerza» o «poder» (v. págs 51 y 52); lo que aquí se revela después es que este «Dios», o «El», es el «Altísimo», y, como tal, es el «creador de los cielos y de la tierra» (Gn. 14:19, 22). Ahora bien, «Elyon», o «Altísimo», como ocurre con otros nombres de Dios, se aplica a veces en las Sagradas Escrituras a cosas y personas de este mundo; pero dondequiera que se usa, su sentido especial y distintivo de la persona o cosa a la que se refiere es siempre la más alta de una serie u orden cuyos componentes poseen una naturaleza igual o semejante. Así, se habla del «canastillo más alto» de una hilera de canastos (Gn. 40:17), de la «nación más alta de todas las naciones» (Dt. 26:19), del «rey más alto (o más excelso) de todos los reyes» (Sal. 89:27, de la «cámara más alta que las otras cámaras» (Ez. 41:7 y 42:5). Una palabra diferente se usa para decir que «los cielos son más altos que tú (es decir, que un hombre)» (Job 35:5). Así, la palabra «Elyon» o «Altísimo», en su aplicación a Dios, denota e implica que, aunque Dios es el más alto, hay otros por debajo de él, dotados por Dios con una naturaleza semejante y, por tanto, de alguna manera relacionados con él; pero que, precisamente porque Dios es el «Altísimo», tiene poder para gobernarlos como quiera, aunque le sean desobedientes y traten de exaltarse por encima de él. Esto es así, porque el «Altísimo» obra de acuerdo con su voluntad entre los ejércitos de los cielos y entre los habitantes de la tierra, y ninguno puede alzar su mano contra él ni decirle ¿qué haces tú? Su dominio es eterno y, su reino, de generación en generación (cfr. 4:34, 35).

Entonces, ¿quiénes son aquellos que están por debajo de él y que poseen una naturaleza semejante? Primeramente, los ángeles, llamados «hijos de Dios» (Job 38:7; Sal. 29:1 y 89:6), incluso los caídos, y sin tener en cuenta la profundidad de su caída, todos son partícipes de una naturaleza que desciende de Dios (Job 1:6 y 2:1). Esto es precisamente lo que hace que su caída sea tan horrible. Éstos son los poderes de las regiones celestes (Ef. 6:12), que se enaltecieron y que son tradicionalmente representados por los reyes de Tiro y de Babilonia, cuyo corazón se enalteció a causa de su hermosura, y se corrompió su sabiduría a causa de su esplendor (Dn. 28:17), y dijo: «Yo soy Dios (El), en el trono de Dios estoy sentado (Dn. 28:2), y, también, «Subiré al cielo; por encima de las estrellas de Dios, levantaré mi trono... y seré semejante al Altísimo» (Is. 14:13, 14). Pero hay otros que fueron hechos un poco menor que los ángeles (He. 2:7) y que son también hijos del Altísimo. Este es el punto al que los Salmos se refieren constantemente cuando hablan del «Altísimo», especialmente en el salmo que nuestro Señor cita, donde los hombres son llamados «dioses»: «¿No está escrito en vuestra ley: Yo dije, dioses sois» (Jn. 10:34) «Y todos vosotros hijos del Altísimo?» (Sal. 82:6), pues el hombre fue creado a la imagen de Dios (Gn. 1:27). Él puede no saberlo, porque está caído y es «como una bestia» (Sal. 73:22), pero sigue siendo hijo, aunque caído, pues Adán era el hijo de Dios (Lc. 3:38) «Porque los dones y el llamamiento de Dios son irrevocables» (Ro. 11:29). Consecuentemente, Pablo puede citar como verdades las palabras de gentiles inconversos: «Porque somos también linaje suyo» (Hch. 17:28), y decir a los corintios carnales que «Cristo es la cabeza de todo varón» y que el hombre «es imagen y gloria de Dios» (1ª Co. 11:3, 7 —como la «dracma perdida» (Lc. 15:8), que lleva algo de la imagen de su hacedor, estropeada y oscurecida hasta donde el pecado haya podido afectarla. Ciertamente, cuando uno piensa lo que el hombre pueda hacer, a pesar de su estado caído y de que esta vida es «un vapor que aparece por poco tiempo, y luego se desvanece» (Stg. 4:14); cuando uno piensa cómo puede pesar la tierra, medir las estrellas, calcular los movimientos de los planetas, y muchas otras cosas más; pero especialmente, cómo puede hablar las palabras del propio Dios (pues Dios habla tanto a él como a través de él), no puede sino concluir que el hombre es incluso aquí un hijo del Altísimo; un hijo caído, incluso muerto, leproso, paralítico, loco o ciego, sin conocer a su Padre, pero, no obstante, un hijo, y, por lo tanto, sin ser abandonado por Aquél de quien vino, pues «no están obligados los hijos a atesorar para los padres, sino los padres para los hijos» (2ª Co. 12:14). Evidentemente, hay peligro en esta gran verdad, pero también hay bendición; pues el «Altísimo» no puede negarse y, por tanto, aun cuando olvidamos nuestra relación con él, Dios, con toda seguridad, nos derribará, nos derrocará y nos vencerá hasta ocupar otra vez en nosotros el puesto que le corresponde para nuestra bendición. Dios es «sobre todas las cosas» (Ro. 9:5), «Dios de dioses» (Sal. 136:2), «Rey de reyes y Señor de señores» (Ap. 19:16), porque «de él, y por él, y para él, son todas las cosas» (Ro. 11:36).

Esta es la verdad que primeramente se revela en la Escritura a través de Melquisedec, que era rey de Salem y sacerdote del Altísimo. Aparentemente, Melquisedec era cananeo, pues vivía entre ellos como uno de sus reyes, y no parece haber conocido a «Elohim» (o al menos no habla de él), el Dios del pacto, ni a «Jehová», el Señor de justicia (que, no obstante, sufre con sus criaturas caídas), ni de «El Shaddai», el Dios Derramador, que da su Espíritu a su pueblo. Todos estos nombres son la porción especial de los elegidos. Pero Melquisedec conoció a «Elyon», el «Altísimo». Este nombre preservaba, incluso entre los gentiles, la verdad (aunque se avisara de ella) de que en la creación de Dios hay tronos, dominios, principados y potestades (Col. 1:16), llamados «dioses» (Sal. 97:7), que eran más o menos análogos a Dios. pero también se sabía que los hombres, aunque temporalmente inferiores a los tales «dioses» a causa de la maldición del pecado, son también «hijos del Altísimo» y, por lo tanto, predestinados a recibir una herencia rica en bendiciones. Extraño, y, sin embargo, es que esta verdad, que Israel no podía ver con absoluta claridad, fuera preservada por el mundo gentil. Pero así era. Las viejas mitologías están llenas de relatos de hombres que eran hijos de los dioses, que, a su vez, eran hijos del Dios más alto y Señor de todos. Melquisedec demuestra cómo incluso un hijo de Canaán conservaba la misma tradición de la alta naturaleza del hombre, mientras que lo que se dice de su pueblo revela cómo en esta fe (y a menudo incluso en contra de ellos mismo) procuraban por medio de brujas, agoreros, magos y practicantes de la necromancia (cfr. Dt. 18:10, 11) establecer contacto con los poderes invisibles, a los que consideraban por encima de ellos, aunque no siempre completamente separados. La idea que aquellas gentes tenían de Dios estaba terriblemente pervertida; pero era la perversión de una gran verdad, a saber, que Dios tenía hijos y que el hombre era uno de ellos, lo cual el pueblo elegido, a causa de su esclavitud en Egipto, había perdido de vista incluso más que los remotos gentiles. El nombre «El Elyon» preservaba la verdad de que la relación de Dios con los «tronos y dominios» estaba muy por debajo de él, y que incluso el hombre, bajo maldición y caído de Dios, era en verdad «su linaje».

Todo esto, e incluso secretos de la gracia todavía más profundos, está implícitamente revelado en lo que se nos dice de Melquisedec, pues el hecho de que el hombre sea el hijo de Dios implica una ulterior relación. El hombre, como hijo de Dios, debe ser un sacerdote, pues así como Dios (por ser amor) se sacrifica, el hombre, por ser hijo de Dios y heredero de su naturaleza, debe también sacrificarse. El nombre «El Shaddai» revelaba mucho. Decía cómo Dios especialmente relacionado con elegidos, y también que por medio de la circuncisión (que significa el juicio de la carne) brota una nueva vida, como la de Isaac, de sacrificio, pero, no obstante, de reposo, en la cual y a través de la cual todas las naciones serán benditas. El nombre «El Elyon» revela todavía más, y es que los gentiles, como los cananeos, aunque sometidos a juicio aquí, tienen en su relación con el «Altísimo» la prenda o garantía de seguras y grandes bendiciones, incluso la de ser sacerdotes en virtud de su filiación. Esta verdad, que permanece un tanto en la sombra en el caso de Melquisedec (dado el misterio que a éste le envuelve, pues Hebreos 7:3 nos lo presenta como un «sin padre, sin madre, sin genealogía; que ni tiene principio de días, ni fin de vida, sino hecho semejante al Hijo de Dios»), es la bendita verdad revelada perfectamente en Cristo, el Hijo de Dios, el cual, porque Dios le dijo «Tú eres mi Hijo, yo te he engendrado hoy» (He. 5:5), es «sacerdote para siempre, según el orden de Melquisedec» (He. 5:6). Cristo es quien testifica de la verdadera naturaleza del hombre, a saber, que el hombre es un hijo de Dios. El sacerdocio de Cristo no es «conforme a la ley de una prescripción carnal, sino según el poder de una vida indestructible» (He. 7:16). El sacerdocio según fue necesario por la caída del hombre y por la consiguiente separación de Dios con el hombre, esto es, como hijo de Dios (porque Adán era hijo de Dios, como leemos en Lc. 3;38), está basado en la participación de la naturaleza divina. Ahora bien, aunque la naturaleza del hombre está dañada y pervertida a causa del pecado (y el hombre, en su ignorancia de Dios por la mentira de la serpiente, es más un egoísta que un dador voluntario de sí mismo), su fuente y esencia son todavía divinas. Incluso su caída, es todavía la caída de algo celestial. El sacerdocio de uno que está así relacionado con Dios debe ser en virtud de una vida, pero no de un mandamiento, y, como tal, mucho más grande que cualquier sacerdocio o justicia de la ley. El «sacerdote del Altísimo» preserva esta verdad, y es el medio de enseñarla incluso a quien ha recibido las promesas.

Ahora bien, un sacerdote en virtud de la filiación y, por lo tanto, que hereda la naturaleza de Dios, habrá necesariamente de heredar todas las virtudes de esa naturaleza. El autor de Hebreos llama nuestra atención a este hecho cuando apunta que el sacerdote del Altísimo es «Rey de justicia» y «Rey de paz» (He. 7:2). En este doble título podemos ver otra vez las dos grandes verdades reveladas separadamente en «Jehová» y «Elohim». «Jehová» es justo y el sacerdote del Altísimo es «Rey de justicia». El juramento y el pacto de Elohim garantizan unión inquebrantable y paz, y el sacerdote del Altísimo es también «Rey de paz». Así, él es testigo de que «la justicia y la paz se besarán» (cfr. Sal. 85:10) por medio del poder que tiene el «Altísimo para reconciliar todos los antagonismos. Es difícil expresar aunque sea un poco de las maravillas que figuran en la realidad de este sacerdocio. Melquisedec, aunque gentil y descendiente de la raza execrada de Canaán, bendice a Abram cuando ya éste había recibido la promesa de que la tierra de Canaán sería suya para siempre (¡lo cual significaba la expulsión de su pueblo!) y después bendice al Dios Altísimo, porque entregó a Abram sus enemigos (cfr. Gn. 14:19, 20), y, por otra parte, Abram, el heredero de la promesa, da a Melquisedec «los diezmos de todo» (Gn. 14:20), como deudor a uno cuyo pueblo sería juzgado y expulsado para que la promesa se cumpliera (Gn. 14:19, ss.). Como corona, la tierra de los malditos (pues, «Maldito sea Canaán», leemos en Gn. 9:25) se convierte en la tierra de la promesa y herencia de los elegidos (Sal. 105:11). Pero Cristo ha desvelado todos los secretos. El hombre como hombre es hijo de Dios. Él puede estar, y de hecho está, por un tiempo bajo maldición, como Canaán; pero aun así, es heredero de ilimitadas bendiciones porque su Dios es el «Altísimo». Con semejante Dios, la maldición se transforma en bendición; el juicio, en misericordia; la muerte, en camino hacia la vida. Los malditos serán bendecidos, y lo serán por medio de los elegidos, que constituyen las «primicias» (Ro. 11:16) de las criaturas de Dios (Stg. 1:18; Ap. 14:1, 4). Los elegidos, por haber aceptado el juicio que cayó sobre su carne, como prueba la circuncisión, están destinados a juzgar a quienes no pueden juzgarse a ellos mismos, pues «los santos han de juzgar al mundo» (1ª Co. 6:2), y así «la creación misma será liberada de la servidumbre de la corrupción, a la gloriosa libertad de los hijos de Dios» (Ro. 8:21). Por tanto, los que deben ser juzgados, como es el caso de los cananeos, bendicen tanto a los elegidos, que los juzgarán, como al «Altísimo», el cual da a sus elegidos la victoria sobre los enemigos que habían esclavizado a sus hermanos (Gn. 14:17, 18 y He. 7:1). El verdadero sacerdote del orden de Melquisedec, ése que es a un tiempo el Hijo de Dios y el Hijo del Hombre, ha sacado todo esto a una luz que jamás será eclipsada, aunque, de momento, sean pocos los que vean toda su significación. Cuando estuvo en la carne y participó de la naturaleza humana, fue hecho maldición y, no obstante, fue bendito (Gá. 3:13 y Ap. v. 12): condenado en la carne, pero justificado en el Espíritu (1ª Ti. 3:16; 1ª P. 3:18). Como elegido, juzgará al mundo; y su juicio, como espada que sale de su boca, herirá a toda carne y salvará al mundo (Ap. 19:15, 18; Sal. 82:8). Él mismo es testigo de cómo los juzgados serán bendición a través de su juicio y de cómo el Juez juzga con la sola intención de traer justicia y paz.

El título que se añade a «Altísimo» cuando éste es revelado por primera vez, a saber, «Poseedor del cielo y de la tierra» (Gn. 14:19), arroja todavía una luz más clara sobre la idea que de Dios se nos muestra en Génesis 14. La palabra traducida «Poseedor» (en otras versiones, «creador») viene directamente de un verbo que, aunque puede traducirse «comprar» o «sostener». Por tanto, la palabra describe a uno (en este caso, Dios) en quien «vivimos, y nos movemos, y somos» (Hch. 1:17) y «por cuya causa son todas las cosas, y mediante el cual todas las cosas subsisten» (He. 2:10). El «Altísimo» es el «Poseedor» de todo, de los cielos y de la tierra, de la iglesia y del mundo, y nunca renuncia a este legítimo derecho, aunque los ángeles o los hombres actúen por un tiempo como dueños de ellos mismos. Por consiguiente, este nombre responde a la pregunta del apóstol, «¿O es Dios solamente Dios de los judíos? ¿No es también Dios de los gentiles? Ciertamente, también de los gentiles» (Ro. 3:29), pues él es «Dios de los espíritus de toda carne» (Nm. 16:22). Dios ha dicho: «... todas las almas son mías» (Ez. 18:4). Los habitantes de toda la tierra deben reconocer que «él nos hizo, y no nosotros a nosotros mismos; (y que) pueblo Suyo somos, y ovejas de su prado» (Sal. 100:3). Los verdaderos elegidos, como Abram, aunque hayan estado largos años sin ver esto (porque los elegidos son lentos en recibir lo que sea fuera de su propia elección), cuando les es mostrado por el sacerdote del Altísimo, aceptan en el acto la bendita verdad y dicen: «He alzado mi mano al Dios Altísimo, poseedor del cielo y de la tierra» (Gn. 14:22). De este modo aprendió Abram de los gentiles lo que más tarde aprendió el jefe de los apóstoles por medio de un centurión, a saber, que nadie debe llamar común o inmundo a un elegido (Hch. 10:28), «pues uno mismo es el Señor de todos, que es rico para con todos los que le invocan» (Ro. 10:12).

Tal es la primera mención al «Altísimo» en la Sagrada Escritura, pero, en cualquier pasaje donde el nombre aparezca, su contenido especial es el mismo: la revelación de la relación de Dios con todos, incluso con el mundo no elegido, y la verdad de que allí donde los hombres no pueden o no quieren juzgarse a ellos mismos, el «Altísimo» llevará igualmente a cabo su propósito en ellos, incluso por medio de juicio. En los libros de Moisés encontramos este nombre sólo en tres lugares (que son: en el caso de Melquisedec, en la profecía de Balaam y en la canción de Moisés), y, en cada caso, describe la relación de Dios con los gentiles. Balaam, que vino de Aram, de los montes de oriente (Nm. 23:7), que oyó los dichos de Dios (El)» (Nm. 24:4), «sabe la ciencia del Altísimo» y «vio la visión del Omnipotente» (24:16), ¿qué ve sino el juicio de las naciones de Set, Moab, Amalec y Assur, mientras que «De Jacob saldrá el dominador» (24:19; cfr. también vv. 16, ss.)? Las palabras del cántico de Moisés ligan igualmente a las naciones con el «Altísimo»: «Cuando el Altísimo hizo heredar a las naciones, cuando hizo dividir a los hijos de los hombres, estableció los límites de los pueblos según el número de los hijos de Israel» (Dt. 32:8, 9). Así, el cántico dice que Dios cuida de los gentiles, pero al mismo tiempo testifica que «la porción de Jehová es su pueblo» (Dt. 32:9) y que escogió a Jacob con un propósito especial y para una bendición especial (32:9). En los Libros Históricos, desde Josué hasta Ester, el nombre «Altísimo» no aparece nunca, excepto en un salmo de David, insertado en la historia (2º S. 22:14); pero la omisión es característica, pues estos libros son los registros de los elegidos y de su relación con Jehová, y el nombre «Altísimo» pertenece más bien al mundo de fuera de la elección. Los Salmos se refieren a él con más frecuencia, pero, aunque en ellos no encontremos una mención directa al mundo gentil y a su último sometimiento al «Altísimo», sí que hallamos el reconocimiento de sus peticiones y la providencia universal de Dios. Así, en el Salmo 83, donde leemos de los enemigos de Dios (edomitas, moabitas, ismaelitas, filisteos, tirios y asirios), se predice el fin, según el cual, serán afrentados y turbados para siempre, y así conocerán «que tu nombre es Jehová; el Altísimo sobre toda la tierra» (v. 18; cfr. vv. 6, 7, 16, 17). lo mismo ocurre en el Salmo 87, donde se predice que «de Sión se dirá... el Altísimo mismo la sostiene» (v. 5). Igualmente, se menciona Ráhab, Babilonia y Filistea, y «Éste nació allí» (v. 4). Con el mismo efecto, en el Salmo 82 (del que nuestro Señor cita las palabras «Yo dije: Vosotros sois dioses, y todos vosotros hijos del Altísimo»), la conclusión es: «Levántate, oh Dios, juzga la tierra; porque tú eres el dueño de todas las naciones» (v. 8). En el Salmo 47, que es quizás el que habla más claramente que ningún otro de la soberanía de Dios sobre todas las naciones, la razón que da el salmista para que todas le alaben es que «Jehová el Altísimo es temible; Rey grande sobre toda la tierra. Él someterá a los pueblos debajo de nosotros, y a las naciones debajo de nuestros pies... Porque Dios es el Rey de toda la tierra... Los príncipes de los pueblos se reunieron como pueblo del Dios de Abram; porque de Dios son los escudos de la tierra. ¡Oh muy excelso es él!» (vv. 1-9). Y me doy cuenta de que los elegidos mismos, cuando, ya sea por su propio pecado o por el de Israel, son arrojados «del santo monte de Dios y de su tabernáculo», parecen volver instintivamente al nombre «Altísimo», como el cimiento de su esperanza, cualquiera que sea su turbación o indignidad. Así, David, «cuando los filisteos la prendieron en Gat», clama al «Altísimo» (Sal. 56:2 y título), De nuevo, «cuando huyó de delante de Saúl a la cueva», sus palabras fueron:

«Clamaré al Dios Altísimo, al Dios que me favorece» (Sal. 57:2 y título). Y, otra vez, cuando (huyendo de su hijo Absalón) oye «las palabras de Cus hijo de Benjamín», invoca al «Altísimo» (Sal. 7:17 y título; cfr. también Sal. 18:13 y 21:7). Bajo este nombre todos pueden hallar esperanza, y el testimonio perenne es que, sea cual sea nuestra condición, siempre hay ayuda para nosotros en el Dios de quien venimos.

Pero tal vez no hay mejor ilustración del contenido y de la importancia de este nombre que la forma en que se usa en el caso de Nabucodonosor, al cual presenta el libro de Daniel como la gran cabeza del poder gentil. En él encontramos casi una repetición del dominio adámico: «Tú, oh rey, eres rey de reyes; porque el Dios del cielo te ha dado reino, poder, fuerza y majestad. Y dondequiera que habitan hijos de hombres, bestias del campo y aves del cielo, él los ha entregado en tus manos, y te ha dado el dominio sobre todo; tú eres aquella cabeza de oro» (Dn. 2:37, 38). Pero su corazón se ensoberbeció; por exaltarse a sí mismo, perdió el entendimiento, hasta que finalmente es traído al conocimiento del «Altísimo». Lo que se escribe de él no requiere comentario alguno. Así leemos: «Se puso a hablar el rey y dijo: ¿No es ésta la gran Babilonia que yo edifiqué con la fuerza de mi poder, para residencia real y para gloria de mi majestad? Aún estaban estas palabras en la boca del rey, cuando vino una voz del cielo: A ti se te dice, rey Nabucodonosor: El reino ha sido quitado de ti; y de entre los hombres te arrojarán, y con las bestias del campo será tu habitación... y pasarán sobre ti siete tiempos hasta que reconozcas que el Altísimo tiene el dominio sobre la realeza de los hombres, y la da a quien él quiere. En el mismo instante se cumplió la palabra sobre Nabucodonosor, y fue echado de entre los hombres; y comía hierba como los bueyes, y su cuerpo se mojaba con el rocío del cielo, hasta que su pelo creció como plumas de águila, y sus uñas como las de las aves. Mas al cabo del tiempo señalado, yo, Nabucodonosor, alcé mis ojos al cielo, y recobré la razón; entonces bendije al Altísimo, y alabé y glorifiqué al que vive para siempre, cuyo dominio es sempiterno, y su reino por todas las generaciones» (Dn. 4:30-34). ¿No hay todavía almas semejantes, algunos de los más grandes entre los grandes hombres que no conocen a «Elohim» ni a «El Shaddai» ni a «Jehová», pero que, como a Nabucodonosor, se les hará saber que el «Altísimo» gobierna, y que, por medio de su gobierno o dirección, recobrarán su entendimiento? Si no me equivoco, ese es el «secreto del Altísimo» (Sal. 91:1). Las almas de fuera de le elección poseerán su poder; y a los santos (aquí, en su relación con el mundo, llamados «los santos del Altísimo») se les dará el juicio y recibirán el reino (Dn. 7:18, 22, 25, 27).

Tan sólo añadiré que las alusiones indirectas al culto del Altísimo, doquiera las encontremos en la Sagrada Escritura, siempre muestran algo más amplio y más simple que lo que fue divinamente ordenado al pueblo elegido. Volvamos al lugar donde el nombre aparece por primera vez. Melquisedec, «sacerdote del Altísimo», nos es presentado, no sólo «sin genealogía» (He. 7:3), sino también sin un templo, sin ofrendas de sangre, simplemente ofreciendo «pan y vino», cuando bendice al «Altísimo» y, al mismo tiempo, pronuncia sobre Abram la bendición del «Altísimo» (Gn. 14: 18, 20). Pues «el Altísimo no habita en templos hechos a mano» (Hch. 7:48), «ni es servido por manos de hombres, como si necesitase de algo; pues él es quien da a todos vida y aliento y todas las cosas» (Hch. 17:25, 26). Por tanto, en el salmo que dice «El Dios de dioses, Jehová, ha hablado y convocado la tierra, desde el nacimiento del sol hasta donde se pone», su pregunta a los que piensan satisfacerle con becerros» y «machos cabríos» es «¿He de comer yo carne de toros, o de beber sangre de machos cabríos? Ofrece a Dios sacrificio de alabanza, y paga tus votos al Altísimo; e invócame en el día de la angustia; te libraré, y tú me honrarás» (Sal. 50:1, 9, 13, 14, 15). Lo que deleita al «Altísimo» es una vida de acuerdo con la suya. Tal es el testimonio de su amado Hijo en el único evangelio en que el título «Altísimo» se encuentra (Lc. 1:32, 35, 76), y donde Cristo dice: «... amad a vuestros enemigos, haced el bien y prestad sin esperar nada a cambio; y será grande vuestra recompensa, y seréis hijos del Altísimo; porque él es bondadoso para con los ingratos y malvados» (Lc. 6:35). «... en toda nación, el que le teme y practica lo que es justo, le es acepto» (Hch. 10:35).

Así es la enseñanza del nombre «Altísimo». En él tenemos, mucho más que en cualquier otro nombre de Dios, la revelación de la relación de Dios con el hombre como hombre, y de la inmutabilidad de esa relación a pesar del cambio que el pecado ha llevado a cabo en la condición humana. ¿Necesito repetir que un peligro especial concurre en esta verdad? Esto es como la lluvia de la que habla el autor de Hebreos, la cual, si no es embebida por la tierra y la hace llevar fruto, lo único que hace es estimular un mayor crecimiento de espinos y abrojos (He. 6;7, 8.). Si la verdad de Dios que acabamos de mencionar es justamente recibida, aumentará nuestra fe y nuestra esperanza en él, el cual, aunque esté tan por encima de nosotros, y a pesar de nuestra caída, nos reconoce y nos reclama como sus hijos. Si abusamos de tal verdad, podemos considerar nuestro estado caído como bueno y pensar que la voz de nuestras pasiones es la voz de Dios. Si no estoy equivocado, la gran apostasía que viene será la perversión final de esta verdad, cuando el último anticristo (cuya pretensión y jactancia será el creerse un semidios) asume como el hombre, en su vida caída de independencia, lo que únicamente podemos poseer como participantes de la vida de Dios en Cristo Jesús. Por lo tanto, hay peligro así como bendición en el misterio del «Altísimo», el cual, como hemos visto, está íntimamente vinculado al «sacerdocio del orden de Melquisedec». Así, pues, hasta que no conozcamos esta llamada y lo que realmente somos, no entenderemos la profundidad y plenitud del propósito de Dios ni que, aunque caído, el hombre es un hijo del «Altísimo».

La forma en que este nombre está unido a los otros nombres, «Elohim» o «Dios», «Jehová» o «Señor», y «El Shaddai» o «Todopoderoso», tanto en el Antiguo como en el Nuevo testamento, demuestra que, aunque algunos abusen de esta verdad, no es por ello menos parte integral del todo armónico de la plenitud de Dios, donde no sólo la justicia y el amor son uno, sino también donde la elección de algunos y la salvación final de todos se pueden ver como partes consistentes de un propósito. Por ello, el salmista, en una simple frase, habla del «secreto (o abrigo) del Altísimo», de la «sombra del Omnipotente», del refugio en Jehová», y de la «confianza en Dios» (Sal. 91:1, 2). Ciertamente, hay un «secreto» en el «Altísimo» en cuanto a la participación del hombre en la naturaleza divina y al poder del «Altísimo» para derrocarle si abusa de sus dones y llamamiento. Hay una «sombra del Omnipotente» en un doble sentido; o una nube, con alguna oscuridad en la sombra, pues hay dolor tanto en el juicio que nosotros nos hacemos como en el que Dios nos hace; o una sombra, como la «de gran peñasco en tierra calurosa» (Is. 32:2), pues el «Omnipotente» es también una sombra así, bajo la cual nos sentamos con gran deleite (Cnt. 2:3). Si, tal como lo conozco, puedo «decir de Jehová», que «juzga el mal», que «él es mi refugio y mi fortaleza», también puedo decir de «Dios», «que ama en virtud de su ser relacional», «en él confiaré». Y el cántico de aquellos a quienes Juan ve junto a «un mar de vidrio... con arpas de Dios», y que «han alcanzado la victoria sobre la bestia y su imagen» (Ap. 15:2, 3), es poco más de una repetición triunfante de estos mismos nombres de Dios, todos coadyuvando a nuestra salvación y liberación. Esto es así por cuanto dicen: «Grandes y maravillosas son tus obras, Señor Dios Todopoderoso; justos y verdaderos son tus caminos, Rey de las naciones. ¿Quién no te temerá, oh Señor, y glorificará tu nombre?, pues... todas las naciones vendrán y te adorarán, porque tus juicios se han manifestado» (Ap. 15:2, 4). Éstos son los nombres, llenos de luz y amor, que la Palabra nos descubre ya sea como Ley o como Evangelio.

Y la iglesia en la tierra se hace eco de lo mismo. En su culto de Santa Cena (que, en esta parte al menos, nos ha sido transmitida de forma inalterada desde casi los días apostólicos), una y otra vez se nos enseña a repetir los mismos cuatro nombres unidos. Primero, cuando decimos, «es nuestro propio, justo, y obligado deber darte gracias, en todo tiempo y lugar, ¡oh Señor!, Santo Padre, Todopoderoso, Dios Eterno. Por tanto, con ángeles y arcángeles, y con toda la compañía de los cielos, alabamos y magnificamos tu glorioso nombre, por siempre alabándote y diciendo: Santo, Santo, Santo, Señor, Dios de las huestes; los cielos y la tierra están llenos de tu gloria; gloria sea a ti, ¡oh Señor!, Altísimo». Y, de nuevo, en el «Gloria in excelsis», decimos: «Gloria a Dios en las alturas, y en la tierra paz, buena voluntad para con los hombres. Te alabamos, te bendecimos, te adoramos, te glorificamos, te damos gracias por tu grande gloria, ¡oh Señor!, Dios, Rey celestial, Padre, Todopoderoso... Pues sólo tú eres santo, tú sólo eres Señor, tú sólo, ¡oh Cristo!, con el Espíritu Santo, eres Altísimo, en la gloria de Dios el Padre».

Bendito sea por siempre el «Señor», «Dios», «Todopoderoso», el «Altísimo», por semejante revelación, para que los hombres puedan conocerle, y confiar y gozarse en él.

5

Señor, o Adonai

Los nombres de Dios que hemos considerado hasta este momento han revelado principalmente su naturaleza: «Elohim», su amor inmutable; «Jehová», su justicia y verdad; «El Shaddai», que se da o derrama a él mismo por los otros; «El Elyon», que, si bien es el Altísimo, participamos de su naturaleza. Los nombres que restan hablan más bien de las relaciones de Dios con las cosas o personas de los cielos o de la tierra. No es que digamos que estas ideas de Dios se excluyen unas a otras, o que éste o aquel nombre habla solamente de su naturaleza, en tanto algún otro abunda únicamente en sus relaciones. Las perfecciones de Dios están tan unidas que no podemos conocer una sin ver en ella algo de todas, aunque cada una destaque fundamentalmente un aspecto de su plenitud. Ocurre con los nombres de Dios como con Cristo en los Evangelios, donde cada forma de ver a nuestro Señor contiene o da indicios de todas. Así, los nombres «Elohim», «Jehová», «El Shaddai», y «El Elyon», aunque no excluyen las relaciones que hay en Dios mismo, y en las cuales esté igualmente unido a sus criaturas, caídas o no, más bien revelan ésta o aquella perfección de su naturaleza; mientras que los nombres que siguen, «Adonai», «El Olam», y «Jehová Sabaot», hablan más directamente de sus relaciones con los hombres o con los ángeles, o con las diferentes y sucesivas épocas, por medio de todo lo cual revela sus propósitos. Estos nombres, aunque quizá no sean tan maravillosos como los precedentes, pueden tocarnos más directamente al mostrarnos lo que ocurre con aquellos que, por gracia, son llamados a conocer la mente de Dios y a tener una íntima y permanente relación con el Señor y Dios de todo y de todos.

El nombre que hemos de considerar ahora es «Adonai», que nuestras versiones traducen «Señor» —lo cual de ningún modo significa lo mismo que «SEÑOR» como traducción de «Jehová» (cfr. p. 13, N.T.). Este nombre, «Adonai», se encuentra por vez primera en la revelación de Dios a Abram, cuando, tras su encuentro con Melquisedec, el propio Abram hace referencia a dicha revelación y dice:«... la palabra de Jehová a Abram en visión, diciendo: No temas, Abram; yo soy tu escudo, y tu galardón será sobremanera grande. Y respondió Abram: Señor Dios (es decir, «Adonai Jehová»), ¿qué me darás, siendo así que ando sin hijo...?» (Gn. 15:1, 2); e, inmediatamente después, cuando Dios dijo: «Yo soy Jehová, que te saqué de Ur de los caldeos, para darte a heredar esta tierra. Y él respondió: Señor Dios (es decir, «Adonai Jehová»), ¿en qué conoceré que la he de heredar?» (Gn. 15:7,8). Abram de nuevo usa el mismo nombre repetidamente cuando se dirige a Dios para interceder por Sodoma (Gn. 18:27, 30, 31, 32); y, como veremos, este nombre está continuamente en la boca de los siervos de Dios generación tras generación. La pregunta es, si es que lo es: ¿qué revela este nombre? «Adonai» es simplemente la forma plural de la palabra hebrea «adon», que significa «señor» o «amo», y que tanto en singular como en plural se aplica constantemente a Dios (p. ej., Éx. 23;17; 34:23; Jos. 3:11, 13; Neh. 8:10). Cuando se aplica al hombre, cosa que ocurre constantemente, esta palabra se usa para expresar dos tipos de relaciones terrenales bien conocidas; primero, la relación de un amo con su esclavo o siervo (Gn. 24:9, 10, 12, 14, *etc.*, Éx. 21:4, 5, 6, *etc.*) y, segundo, las de un marido con su esposa (p. ej. Gn. 18:12; Jue. 19:27). Para entender el significado de la palabra, en cuanto aplicada a Dios, debemos tan sólo comprender lo que estas relaciones eran exactamente, por cuanto Dios las ha escogido para expresar las suyas con nosotros.

Ya de antiguo, tanto el esclavo como la esposa ocupaban una posición algo diferente a la de las esposas y criados en la actualidad. El título «adon», o «señor», tanto significando «amo» o «esposo», expresaba una relación personal que implicaba derechos de señorío y posesión. El esclavo y la esposa no eran dueños de ellos mismos (1ª Co. 6:19, 20). Ambos, voluntariamente o involuntariamente, pertenecían al señor: eran de su propiedad. En el caso del esclavo, la relación era obligatorio y al margen de su voluntad. Usualmente, él o sus padres eran o comprados o prisioneros enemigos (Lv. 25:44-46) —pues, en aquellos tiempos, había dos formas de tratar con los prisioneros de guerra, a saber: matarlos o reducirlos a esclavos. En el caso de la esposa, aunque por lo general era dada o vendida por su padre (Gn. 28:15-20; Éx. 21:7-11), se le permitía un cierto margen de libertad; por ejemplo, a Rebeca se le preguntó: «¿Irás tú con este varón?» (Gn. 24:58). Pero, una vez esposa, era de su marido para toda la vida, a menos que fuera repudiada por algo vergonzoso en ella (Dt. 24:1). Pero, con su consentimiento o sin él, un esclavo o una esposa estaban en una relación de sujeción con su señor, en la cual, la fidelidad recibía su debida recompensa, mientras que la infelicidad era con toda seguridad castigada.

El nombre «Adonai» o «Señor» enseña que existe una relación entre Dios (en el cielo) y el hombre (en la tierra) que responde a la de los criados con su señor y de las esposas con sus maridos. Cuando los elegidos van a Dios, usan constantemente este nombre para dirigirse a él, expresando así su relación con Dios, su dependencia de él, y su fe en Uno que, por ser su legítimo Señor, está obligado a sustentarles, mantenerles, y ayudarles. Por otra parte, Dios, cuando habla de él mismo, exige continuamente este título (Is. 8:7; Job 28:28, *etc.*), como declarándonos sus relaciones de Amo y Esposo. Estas relaciones, aunque nos sitúan en un lugar de honor (pues ser un siervo, y mucho más ser el amado, del Rey de Reyes es un gran honor), no por eso están exentas de las más solemnes responsabilidades de la obediencia. Por tanto, en nada más que la confesión o la negación de este nombre vemos el radical contraste entre la iglesia y el mundo. La iglesia es iglesia porque reconoce lo imperioso de esta relación; el mundo es mundo porque en la práctica la niega. La gran marca de los elegidos es que «conocen al Señor» (1º S. 3:7; Jer. 9:24; 24:7; 31:34; Jn. 17:3), en tanto que el mundo no le conoce (Jn. 8:19:55; 17:25; Hch. 17:23; 1ª Co. 1:21; 2ª Tes. 1:8), y actúa en consonancia con su independencia de él. La forma de proceder del mundo es hacer, pensar y hablar lo que quiere y como le parece, sin reconocimiento alguno de ninguna otra voluntad superior a la suya. Sus grandes hacen «conforme a su voluntad» (Dn. 8:4; 11:3, 16, 36). Ellos dicen: «Nuestros labios por nosotros; ¿quién va a ser amo nuestro?» (Sal. 12:4). Viven como si fueran sus propios dueños. Cualquier tipo de obediencia les parece degradante. Exactamente lo contrario de esto es lo que constituye la marca de los santos de Dios. Todos poseen un Señor. Todos con Cristo, su Maestro, no hacen la voluntad de ellos, sino la del que los envió, porque saben muy bien que el perfecto reposo no estriba en ser tercos sino en cumplir la voluntad de Dios, y sólo la de Dios. Veamos brevemente algo de la enseñanza de la Sagrada Escritura sobre este punto, aunque, a decir verdad, la lección es tan clara y se repite tan a menudo que prácticamente no precisa ni exposición ni ilustración algunas.

Primeramente, vamos a ocuparnos del nombre «Adonai» en cuanto expresa la relación de Amo. No solamente uno de los santos de Dios, sino todos, cuando están oprimidos por cualquier desgracia se vuelven instintivamente a este nombre porque les asegura la ayuda que precisan para llevar a cabo el ministerio que se les dio. «¿Quién fue jamás soldado a sus propias expensas?» (1ª Co. 9:7). ¿Quién sirve a un amo gratis? «Los ojos de los siervos miran la mano de sus señores» (Sal. 123:2); y los siervos de Dios no están menos preocupados con eso. Como no se pertenecen a ellos mismos, sino que han sido comprados por su Señor, son parte de su casa de una forma en que ningún jornalero lo es ni puede serlo. Pues, por extraño que ahora nos parezca, antiguamente, el esclavo comprado mantenía con su señor una relación más íntima que el jornalero, el cual, por trabajar a sueldo, podía ir o venir cuando quisiera. El jornalero ciertamente no podía comer de la pascua ni de las cosas santas de la casa del amo, mientras que el esclavo comprado, por pertenecer a su señor, sí podía (Éx. 12:45; Lv. 22:10, 11). Abram, el padre de los fieles, en la escena donde el nombre «Adonai» aparece por primera vez, nos demuestra cuán bendita es la relación que él confiesa cuando dice: «Mi Señor», y «Señor Dios». En ese tiempo, dos cargas pesaban en el corazón de Abram. Una descendencia y una herencia le habían sido prometidas y, sin embargo, continuaba sin hijos y sin la tierra prometida. Pero, porque tiene en su «Señor» (Adonai) Dios, ¿qué me darás?», y, otra vez, «Adonai Dios, ¿en qué conoceré que la he de heredar?» Y una y otra vez recibe en visión la seguridad siempre más grande de que, por mucho que haya esperado, su Señor le dará con toda seguridad tanto la descendencia como la heredad prometidas: una descendencia tan numerosa como las estrellas y una heredad compuesta por las tierras de muchas naciones. Sin embargo, Abram es solamente un siervo, un «esclavo», como él mismo se llama (Gn. 18:3, 5), pero cree que la fidelidad y fuerza de su Señor todo lo pueden.

Así es con los siervos de Dios, y ésta es la clase de fe que de ellos se espera. Su suficiencia es su Señor (2ª Co. 3:5, 6), el cual asigna a cada uno una labor y los capacita y respalda para que la lleven a cabo. Así, Moisés, llamado a transmitir el mensaje de Dios a Israel, dice: «¡Ay, Señor (Adonai), nunca he sido hombre de fácil palabra, ni antes, ni desde que tú hablas a tu siervo; porque soy tardo en el habla y torpe de lengua. Y Jehová le respondió: ¿Quién dio la boca al hombre? ¿o quién hizo al mudo y al sordo, al que ve y al ciego?... Ahora pues, ve, y yo estaré con tu boca, y te enseñaré lo que hayas de hablar» (Éx. 4:10-12). Igualmente, Josué, cuando es designado para introducir al pueblo en la tierra prometida, tras saber de los que habían muerto a manos de los hombres de Hay, se vuelve a este nombre,

«Adonai», y dice: «Ah, Señor (Adonai), ¿qué diré, ya que Israel ha vuelto la espalda delante de sus enemigos?» (Jos. 7:8). En el acto Josué recibe las intrucciones de cómo puede descubrir «el anatema» que, aunque oculto, ha sido la causa de la derrota del pueblo de Dios (Jos. 7:9, ss.). De forma similar, Gedeón, cuando es llamado a libertar a Israel de los madianitas, exclama: «Ah, Señor (Adonai)... ¿por qué nos ha sobrevenido todo esto?» (Jue. 6:13). Y, de nuevo, «Ah, Señor (Adonai) mío, ¿con qué salvaré yo a Israel? He aquí que mi familia es pobre en Manasés, y yo el menor en la casa de mi padre» (v. 15). La respuesta que recibe es: «Ciertamente yo estaré contigo» (v. 16). «Ve con ésta tu fuerza... ¿No te envío yo?» v. 14). La fuerza del siervo radica en su Señor. Todos los siervos de Dios comprueban esto. Aquellos en quienes el poder de dios se ha manifestado más, más libremente lo confiesan. Manoa, el que no tenía hijos (Jue. 13:8); Sansón en sus prisiones (Jue. 16:28); Samuel en su juventud con Elí (1º S. 3:9, 10); pero, sobre todo, David, con tanta rigidez juzgado. Todos ellos confiesan el nombre «Adonai» como su aliento y esperanza en sus debilidades. Parece como si David no pudiera repetir este nombre con demasiada frecuencia: «Y entró el rey David y se puso delante de Jehová, y dijo: «Señor (Adonai) Jehová, ¿quién soy yo, y qué es mi casa, para que tú me hayas traído hasta aquí? Y aun esto te ha parecido poco, Señor (Adonai) Jehová, pues también has hablado de la casa de tu siervo en lo por venir. ¿Es así como procede el hombre, Señor Jehová? ¿Y qué más puede añadir David hablando contigo? Pues tú conoces a tu siervo, Señor (Adonai) Jehová. Todas estas grandezas has hecho por tu palabra y conforme a tu corazón, haciéndolas saber a tu siervo» (2º S. 7:18-

21). Los Salmos repiten continuamente este lenguaje: "¡Oh Jehová, Señor (Adonai) nuestro, cuán glorioso es tu nombre en toda la tierra!» (Sal. 8:1). Tus siervos son débiles, pero tú eres su «Señor». Por tanto, «Por boca de los niños y de los que maman, afirmas tu fortaleza... ¿Qué es el hombre, para que de él te acuerdes...? Todo lo pusiste bajo sus pies... ¡Oh Jehová, Señor nuestro, cuán grande es tu nombre en toda la tierra!» (vv. 2, 4, 6, 9; cfr. también Sal. 35:23; 38:9, 15, 22; 39:7; 40:17; 51:15; 68:17, 19, *etc.*).

Los profetas todavía ponen más de relieve las bendiciones que comporta la relación que implica el nombre «Adonai». De ahí sacaron ellos su inspiración. Veamos uno o dos ejemplos de entre los muchos que hay. La visión de «Adonai» y del servicio que las huestes celestiales le rendían fue lo que mueve a Isaías a decir (cuando todo en derredor suyo parecía oscuro): «Heme aquí, envíame a mí» (Is. 6:8). Él describe su llamamiento de la forma siguiente: «En el año en que murió el rey Uzías, vi yo al Señor (Adonai) sentado sobre un trono alto y sublime...» (v. 1). El señor terrenal es quitado. Hay señales de que, por los pecados de Israel, incluso cualquier apariencia de poder ya hacía tiempo que había desaparecido de entre los elegidos de Dios. Pero el ojo del profeta es abierto para ver a un «Señor» que es «alto» y «sublime» y cuyo «manto llenaba el templo». «Por encima de él había serafines; cada uno tenía seis alas; con dos cubrían sus rostros, con dos cubrían sus pies, y con dos volaban. Y el uno al otro daba voces, diciendo: Santo, santo, santo es Jehová de los ejércitos; toda la tierra está llena de su gloria» (Is. 6:2, 3). Este conjunto revela no solamente la timidez y el retraimiento de la autoostentación frente a Dios, sino también la fuerza y la disposición de los seres angélicos para moverse en cualquier dirección que exija el mandato de su Señor. El resultado inmediato de la visión de Isaías es hacerle gritar: «¡Ay de mí!, que estoy muerto; porque siendo hombre inmundo de labios... han visto mis ojos al Rey, Jehová de los ejércitos» (Is. 6:5). Entonces voló hacia él uno de los serafines, teniendo en su mano un carbón encendido, tomado del altar con unas tenazas, y tocó con él los labios del profeta, no sólo para impartirle nuevo poder, sino también para expiar su pecado (vv. 6-7). Después oyó la voz del Señor (Adonai) que decía: «¿A quién enviaré, y quién irá de nuestra parte?» (v. 8). ¿Qué podía decir Isaías sino lo mismo que diría cualquiera que hubiera tenido semejante visión?: «Heme aquí, envíame a mí» (v. 8). Con un Señor así, con una ayuda como la que él da, y con tales huestes para servir a sus siervos, nadie puede rehusar transmitir el mensaje del Señor al precio que sea.

En la misión de los otros profetas volvemos a encontrarnos con el mismo nombre, pero es quizás en el llamamiento de Jeremías donde podemos apreciar mejor su contenido especial. He aquí un hombre que era por naturaleza tímido, cuya palabras y formas de actuar revelan una ternura y susceptibilidad casi femeninas. Por él mismo jamás hubiera ido ante su rey y su pueblo como profeta del Señor. Él se sintió incluso más hundido que Moisés con la carga que había sido puesta sobre sus hombros. Pero «la palabra de Jehová» vino a él, diciendo: «Antes que te formase en el vientre te conocí, y antes que nacieses te santifiqué, te di por profeta a las naciones» (Jer. 1:5). Jeremías contestó y dijo: «!Ah!, ¡ah, Señor (Adonai) Jehová! He aquí, no sé hablar, porque soy un muchacho» (v. 6). Y dijo Dios: «No digas:

Soy un muchacho; porque a todo lo que te envíe irás, y dirás todo lo que te mande. No tengas miedo de ellos, porque estoy contigo para librarte» (vv. 7-8). Entonces Dios tocó su boca y dijo: «He aquí he puesto mis palabras en tu boca. Mira que te he puesto en este día sobre mis palabras y sobre reinos, para arrancar y para destruir, y para arruinar y para derribar; para edificar y para plantar» (vv. 9-10). Lo mismo ocurre en el caso de Ezequiel. Él, como Jeremías, vivió en días malos, cuando Israel era rebelde y el profeta estaba «entre los deportados junto al río Quebar» (Ez. 1:1). Ahí, los cielos se abrieron y vio visiones de Dios. La palabra del Señor vino a él (cfr. vv. 1,3) como la del Señor del profeta Israel, tanto la oían como si la desoían. En el libro de Ezequiel es donde Dios repite, tal vez más que en ningún otro, que Él es «el Señor (Adonai) Dios» (cfr. 2:4) no sólo de Israel, sino también de las naciones circundantes, las cuales habían olvidado o negado que ellas también debían ser sus siervas. Otros señores (Adonin) han dominado a los elegidos de Dios y al mundo (Is. 26:13), pero Dios no renuncia a su legítimo dominio sobre todo. Su mensaje, ya sea a Israel, o a Amón, o Moab, o Edom, Tiro o Egipto se introduce siempre por medio de la fórmula «el Señor (Adonai) Dios» (cfr. p.e., Ex. 2:4; 25:3; 26:3, 5, 15, *etc,*)

Sin embargo, es en los Evangelios donde mayormente se pone de manifiesto el contenido, la importancia y las bendiciones que este título (y la relación que implica) comporta, cuando el Señor mismo vino en la carne y «tomó forma de siervo» (Fil. 2:7). Hasta entonces, los hombres habían caído muy bajo y todo servicio era contado más o menos como una desgracia y como la insignia de la inferioridad. Dios servía a todos: alimentando incluso a los cuervos, vistiendo a los lirios, abriendo su mano para satisfacer el deseo de todo ser vivo. Pero los hombres no percibían esto. Por ello, el Señor de todo se reveló en el servicio de aquel que era su imagen, diciendo: «He aquí mi siervo, yo le sostendré; mi escogido, en quien mi alma tiene contentamiento; he puesto sobre él mi Espíritu; él dictará justicia a las naciones. No gritará, ni alzará su voz, ni la hará oír en las calles. No quebrará la caña cascada, ni apagará el pábilo que humea; de acuerdo con la verdad hará justicia. No se cansará ni desmayará, hasta que establezca en la tierra justicia» (Is. 42:1-4; Mt. 12:17-20). Él estuvo entre nosotros «como el que sirve» (Lc. 22:27), revelando, como hasta entonces no había sido revelado, la bendición de sujetarse a nuestro verdadero Señor celestial, el cual no sólo da al hombre lo que necesita, un Maestro (para alzarnos y poner su Espíritu en nosotros), sino que hace que el hombre caído y egoísta se conforme (incluso aunque no lo sepa) en alguna medida a él, quien, como un pastor, puede dirigir todo y gobernarlo. Nadie ha hablado jamás de servicio como el Señor. El Evangelio, que está dedicado a testificar de su señorío, nos lo demuestra. Oigámoslo diciendo: «El discípulo no está por encima de su maestro, ni el siervo sobre su amo. Bástale al discípulo llegar a ser como su maestro, y al criado como su amo» (Mt. 10:24, 25); «...el que quiera hacerse grande entre vosotros, será vuestro servidor; y el que quiera ser el primero entre vosotros, será vuestro siervo; como el Hijo del Hombre no vino para ser servido, sino para servir, y para dar su vida en rescate por muchos» (Mt. 20:26-28). «Dichosos aquellos siervos a los cuales su señor, cuando venga, halle velando; de cierto os digo que se ceñirá, y hará que se sienten a la mesa, y, pasando cerca de cada uno, les servirá» (Lc. 12:37). La aprobación del servicio fiel es la misma en el uso de diez talentos que en el de uno. «Bien, siervo bueno y fiel; sobre poco has sido fiel, sobre mucho te pondré; entra en el gozo de tu señor» (Mt. 25:23). Bien pueden los santos regocijarse en que Dios es ciertamente su Señor, y que, a pesar de su debilidad, pueden decir con Pablo: «... de quien soy, y a quien sirvo» (Hch. 27:23).

Pero el nombre «Adonai» revela otra relación todavía más bendita. El título «Señor» se utiliza no sólo como Amo, sino también como Marido. Dice que, a pesar de ser débiles y estar caídos, el Señor de todos nos llama a la más íntima y cariñosa comunión con él; nos llama a no ser más dos, sino a ser uno con el Señor, un solo espíritu (Mt. 19:5, 6; 1ª Co. 6:17). Es decir, así como una esposa no pertenece a ella misma, sino a su marido, así nosotros no somos nuestros, sino que tanto en cuerpo como en espíritu somos del Señor (1ª Co. 6:19). La forma en que la Sagrada Escritura se expresa en este tema es tal, que los hombres no hubieran podido hablar así de no haber sido poseídos y enseñados por el Espíritu de Dios. Cojamos las palabras de Israel, figura destacada de los elegidos de Dios: «Así dice el Señor: Me he acordado de ti, del cariño de tu juventud, del amor de tus desposorios, cuando andabas en pos de mí en el desierto, en una tierra no sembrada» (Jer. 2:2); «... tu esposo es tu Hacedor» (Is. 54:5); «...yo soy vuestro esposo» (Jer. 3:14); «... fui yo un marido para ellos», dice el Señor (Jer. 31:32). «Así dice el Señor (Adonai) Dios... Yo te hago crecer como la hierba del campo...; tus pechos se habían formado, y tu pelo había crecido... Y cuando pasé otra vez junto a ti, y te miré, y he aquí que tu tiempo era tiempo de amores, extendí mi manto sobre ti, y cubrí tu desnudez; y te di juramento y entré en pacto contigo, dice el Señor (Adonai) Dios, y fuiste mía... Te vestí con valioso recamado, te calcé de piel de tejón, te ceñí de lino fino y te cubrí de seda. Te atavié con adornos, y puse brazaletes en tus brazos y collar en tu cuello... pendientes en tus orejas, y una hermosa diadema en tu cabeza. Así fuiste adornada de oro y de plata... comiste flor de harina de trigo, miel y aceite; y llegaste a ser extraordinariamente hermosa... a causa del esplendor que yo había puesto en tí, dice el Señor (Adonai) Dios» (Ex. 16:7-14).

Palabras como estas son comunes a los profetas, revelando algo de ese amor con el que el Señor nos ha amado, al darse a nosotros, para que nos demos a él para siempre, pues las palabras también van dirigidas a nosotros: «Oye, hija, y mira, y pon atento oído; olvida tu pueblo, y la casa de tu padre; y se prenderá el Rey de tu hermosura; e inclínate ante él, porque él es tu Señor» (Sal. 45:10, 11). El lenguaje falla al tener que expresar la inefable hermosura de semejante relación y las indecibles bendiciones que anticipa a los que la aceptan y le son fieles por gracia. Ciertamente, no se trata de que tan sólo un determinado número de dones viene sobre «el amado del Señor» (Dt. 33:12; Jer. 31:3); sino que Dios provee los medios para salir al paso a nuestra insensatez en tanto que —y al margen de nuestra debilidad— le seamos fieles. Lo que estamos diciendo implica todavía más bendición que la ley que regula los votos que hace una mujer casada que vive con su marido. Si en su insensatez «hace votos... si cuando su marido lo oyó, le vedó, entonces el voto que ella hizo... que ligó su alma, será nulo; y el Señor no se lo tendrá en cuenta» (Nm. 30:7, 9). El insensato propósito de la mujer no será firme, sino que será perdonado por gracia en virtud de la voluntad del hombre a quien ella está tan íntimamente relacionada. «Pero todo voto de viuda o repudiada, con que ligue su alma, será firme» (v. 10), pues tanto la una como la otra carecen de su «cabeza» (porque «el marido es cabeza de la mujer», dice Efesios 5:23), es decir, no hay «Señor» que anule su desatino, y así su descabellado propósito liga sus almas.

El Cantar de los Cantares es desde el principio hasta el final el destacado testigo del deleite que amante y amada obtienen de la más íntima de todas las relaciones. El gozo terrenal es la sombra del celestial. Y si todas las criaturas son voces que nos testifican en silencio de Aquel que es el gran arquetipo (sol y aire, pan y vino, lirios y cedros, siembra y siega, todos diciendo algo de la gloria y grandeza del que es nuestro Señor, nuestro refugio y nuestra porción; Sal. 16:2, 5; 119:57; 142:5), cuánto más el hombre, que es la imagen de Dios (cfr. 1ª Co. 11:7), indica y señala, con su amor a Uno más que a los demás, al más alto amor, el cual hace de dos uno y los llena de contentameinto. Dios no se retrae de su alegría de hacernos suyos y de darse a nosotros para siempre, «porque todas las promesas de Dios son en él Sí, y en él Amén» (2ª Co. 1:20); y «como el gozo del esposo con la esposa, así se gozará contigo tu Dios» (Is. 62:5). El Cantar de los Cantares muestra cómo la amada reciproca este amor cuando canta: «Yo soy de mi amado, y conmigo tiene su contentamiento» (Cnt. 7:10). Entonces, si bendito es conocer al Señor como «Amo», lo es infinitamente más conocerlo en la relación mucho más cercana de «Esposo», a la cual el nombre «Adonai» nos llama. Como Ch. G. Gordon dice, mientras «el trabajo resulta del gobierno o la dirección de uno sobre otro, el fruto es siempre el resultado de la unión de dos» (*Reflections in Palestine*, p. 74). Podemos trabajar bien como siervos si obedecemos a nuestro Señor; pero para producir y dar a luz al «nuevo hombre», que es su imagen, debe haber el perfecto sometimiento al Señor y la unión con él que señala la figura del matrimonio. Podemos estar desposados, pero no casados, con el Señor (cfr. 2º Co. 11:2 y Ap. 19:7). Pero, si no hay unión con él, seremos estériles. Ningún alma puede producir un fruto con la imagen de Dios hasta que dicha alma pertenezca completamente a él.

He aquí algunas de las bendiciones que se reúnen alrededor del nombre «Adonai» o «Señor»: el privilegio de conocer a Dios como «Amo» y, todavía más, como Esposo». Pero por esta misma razón, porque estas relaciones son tan íntimas y están tan llenas de mutua confianza (pues los esposos necesitan confiar en sus esposas y los amos en sus siervos), la menor infidelidad implica el mayor pecado, sin que haya diligencia, belleza, o inteligencia que pueda compensarlo. Tanto en la esposa como en el siervo la fidelidad es primaria e indispensable. Cuanto más favorecida es un alma, más grandes son los dones que se le confían; cuanto más íntima es la unión con su Señor, ya sea como Amo o como Esposo, más grande es el pecado de infidelidad, por pequeña y fútil que parezca. Una acción que en un extraño no tendría importancia, en un siervo en quien se confía sería un delito: una mirada, una palabra, o la falta de ellas, que pasarían desapercibidas en aquellos no emparentados con nosotros, en una esposa amada podría ser imperdonables. Los pecados son relativos. He aquí las palabras del profeta: «A vosotros solamente he conocido de todas las familias de la tierra; por tanto, os castigaré por todas vuestras maldades» (Am. 3:2). Dios tolera o pasa por alto los tiempos de ignorancia, como nosotros toleramos las faltas de los niños pequeños. Similarmente, la infidelidad de aquellos en quienes no confiamos o de los que sólo son casi nuestros parientes no nos afecta gran cosa. Pero el mal en la propia casa debe ser juzgado si no queremos participar de él. De aquí que la comunión implique juicio, como la Cena del Señor enseña. Si nos juzgamos y nos corregimos, no seremos juzgados por el Señor. Si no lo hacemos así, cuanto mayor sea nuestra relación con él, más seguro y doloroso será el correctivo que Dios nos aplique (1ª Co. 11:31, 32).

El nombre «Adonai» es precisamente el especial testigo del juicio de que venimos hablando así como de las bendiciones que otorga la cercanía al Señor. Ciertamente, los juicios pueden ser bendiciones, pues su objeto es sacar las almas de su infelidad. Por tanto, «Adonai» será siempre el juez del siervo y de la esposa infieles. Así, es necesario citar las palabras de los profetas —o del Señor de los profetas— para demostrar que el pecado de un siervo trae como consecuencia su propio juicio: «Así dice el Señor: Si soy Amo (Adon), ¿dónde está mi temor? oh sacerdotes, que menospreciáis mi nombre. Y decís: ¿En qué hemos menospreciado tu nombre? En que ofrecéis sobre mi altar pan inmundo. Y dijísteis: ¿En qué te hemos deshonrado? Y cuando ofrecéis el animal ciego y cojo para el sacrificio, ¿no es malo? Preséntalo, pues, a tu gobernador; ¿acaso se agradará de ti, o le serás acepto?, dice el Señor de los ejércitos. ¡Oh, si hubiese entre vosotros quien cerrase las puertas para que no encendiérais fuego en mi altar en vano! Yo no tengo complacencia en vosotros, dice el Señor de los ejércitos, ni aceptará ofrenda de vuestra mano. Habéis dicho además: ¡Oh, qué fastidio es esto!, y lo habéis tratado con desdén, dice el Señor de los ejércitos; y trajísteis lo hurtado, o cojo o enfermo. ¿Aceptaré de vuestra mano?, dice el Señor. Ahora, pues, oh sacerdotes, para vosotros es este mandamiento. Si no escucháis, ni decidís de corazón dar gloria a mi nombre, dice el Señor, enviaré maldición sobre vosotros, y maldiciré vuestras bendiciones; y aun las he maldecido ya, porque no lo habéis decidido de corazón» (Mal. 1:6-14 y 2:1, 2). El peor juicio es que las bendiciones que recibimos se transformen en maldiciones, y, sin embargo, así ha de ser con aquello que, habiendo sido llamados a vivir junto a su Señor, son infieles a tan alto llamamiento. Sabemos quien es el que dice: «pero si aquel siervo malo dice en su corazón: Mi señor tarda en venir; y comienza a golpear a sus consiervos, y a comer y a beber con los borrachos, vendrá el señor de aquel siervo el día que éste no espera, y a la hora que no sabe, y lo castigará muy duramente, y pondrá su parte con los hipócritas; allí será el llanto y el crujir de dientes» (Mt. 24:48-51). «Aquel siervo que conociendo la voluntad de su señor, no se preparó... recibirá muchos azotes. Mas el que sin conocerla hizo cosas dignas de azotes, recibirá pocos; porque a todo aquel a quien se haya dado mucho, mucho se le exigirá; y al que mucho se la haya confiado, más se le pedirá» (Lc. 12:47, 48; cfr. también vv. 45, 46).

La situación de la esposa infiel es todavía peor, aunque el amor de su marido permanezca inalterable. Los profetas parecen forcejear bajo esta carga cuando han de hablar de ella: «Pero como la esposa infiel abandona a su compañero, así fuisteis desleales contra mí, oh casa de Israel, dice el Señor» (cfr. Jer. 3:20). «Tu propia maldad te castigará, y tus rebeldía te condenarán; sabe, pues, y ve cuán malo y amargo es el haber dejado tú al Señor tu Dios» (cfr. 2:19). Pues «te envaneciste de tu hermosura, y te prostituiste a causa de tu renombre, y derramaste tus fornicaciones sobre cuantos pasaron. Y sucedió que después de toda tu maldad (¡ay, ay de ti!, dice el Señor Dios), te edificaste lugares altos en todas las plazas. Y no fuiste semejante a la ramera que va buscando la paga, sino como mujer adúltera, que en lugar de su marido recibe a ajenos. Por tanto, ramera, oye palabra del Señor. Así dice el Señor (Adonai) Dios: Por cuanto tus vergüenzas han sido manifestas a tus amantes, y a los ídolos de tus abominaciones, yo reuniré a todos tus amantes con los cuales tomaste placer, y a todos los que amaste, con todos los que aborreciste; y yo te aplicaré la sentencia de las adúlteras, y de las que derraman sangre; y traeré sobre ti sangre de ira y de celos. y te entregaré en manos de ellos; y te despojarán de tus ropas, se llevarán tus hermosas alhajas, y te dejarán desnuda y descubierta; y ejecutarán justicia en ti, y así haré que dejes de ser ramera» (Ex. 16:15-41).

Sin embargo, porque «Adonai» es Dios, la esposa caída será finalmente salvada: «Vivo yo, dice el Señor Dios, que Sodoma tu hermana y sus hijas no han hecho como hiciste tú y tus hijas. Y Samaria no cometió ni la mitad de tus pecados; ellas son más justas que tú; avergüénzate, pues, tú también, y lleva tu confusión, por cuanto has justificado a tus hermanas. No obstante, yo tendré memoria de mi pacto que concerté contigo en los días de tu juventud, y estableceré contigo un pacto eterno. Entonces te acordarás de tus caminos y te avergonzarás, cuando recibas a tus hermanas, las mayores y las menores; para que te acuerdes y te avergüences, y nunca más abras la boca a cuasa de tu vergüenza; cuando yo te haya perdonado todo lo que hiciste, dice el Señor (Adonai) Dios» (Ez. 16:48-63). Bien pueden los santos y ángeles dar voces con admiración y decir:«Santo, santo, santo, Señor». ¡No hay nadie como nuestro «Amo» y «Señor»!

Tal es, pues, la relación que, entre criatura y Creador, describe y revela «Adonai» o «Señor». Y aunque este nombre carezca de la visión, todavía más maravillosa, del «Padre» y del «Hijo» que se nos descubre en el Evangelio, tenemos más que suficiente para hacernos fuertes en el Señor y gozarnos en él siempre (Ef. 6:10 y Fil. 4:4). Pues si el siervo de un profeta, cuando le fue quitado su señor, gritó: «¡Padre mío, padre mío, carro de Israel y su gente de a caballo!» (2º R. 2:12); si incluso en un antiguo esclavo sirio pudo haber tal confianza y amor que su siervo lo llamaba «padre», diciendo: «Padre mío, si el profeta te mandara alguna cosa muy difícil, ¿o la harías?» (2º R. 5:13), ¿cómo debe ser nuestra fe y esperanza en Aquel que nos llama «siervos» y «amados»? Y precisamente en estos últimos días, cuando el espíritu del desorden y la desobediencia está creciendo y los lazos que han mantenido unida a la sociedad parecen estar en peligro de romperse, que nuestra sabiduría ha de ser mayor que nunca para recordar al «Señor», porque nuestra perfecta libertad radica en servirle y porque su amor por nosotros «sobrepasa todo conocimiento». Bendito sea su nombre, porque viene el día cuando ya «no habrá más maldición», y «sus siervos le servirán, y verán su rostro, y su nombre estará en sus frentes» (Ap. 22:3, 4). «Si somos infieles, él permanece fiel; no puede negarse a sí mismo» (2ª Ti. 2:13). Él aborrece el repudio (Mal. 2:16). «Porque los dones y el Israel infiel obtendrá misericordia (Ro. 11:31). Pues así dice el Señor: «En aquel tiempo me llamarás Ishi (es decir, Mi marido), y nunca más me llamarás Baalí (esto es, Mi señor). Y te desposaré conmigo para siempre; te desposaré conmigo en rectitud, justicia, amabilidad y compasión. Y les diré a los que no eran mi pueblo: Tú eres mi pueblo, y él dirá: Dios mío» (Os. 2:16-23). ¡Oh día maravilloso!, cuando lleguen las bodas del Cordero y su esposa se haya preparado (Ap. 19:7).

Concluyo con las palabras de uno que conocía a «Adonai» y en el día de su aflicción encontró en este nombre (y en los otros nombres de Dios, que instintivamente afluían a sus labios en momentos de angustia) la esperanza y el consuelo que no tenía ni pudo encontrar en nada ni en nadie. Muchos en todos los tiempos han sido confortados por estas palabras: «¿Desechará Adonai (mi Señor y Esposo) para siempre y no volverá más a sernos propicio? ¿Se ha acabado perpetuamente su promesa? ¿Ha olvidado Elohim (que ha hecho un pacto conmigo) el tener misericordia? ¿Ha encerrado en su ira sus entrañas? Y me dije: Este es mi tormento: Que la diestra del Altísimo ha cambiado (de Aquel cuya simiente somos, aun cuando como gentiles nos hayamos desviado de él). Me acordaré de las obras de Jah (Jehová, el justo, que se da para ser nuestra justicia); sí, haré memoria de tus antiguos portentos» (Sal. 77:7-11). Así clamaba un alma que hacía tiempo que conocía a «Adonai». Quiera Dios que aquellos a quienes estos nombres sólo han servido como medio para exaltarse a ellos mismos (en vez de para tener fe y esperanza en Aquél a quien sólo se puede conocer mediante la obediencia) puedan ser traídos a su propio conocimiento, incluso por medio de la aflicción, y a la gracia de Aquél que revela su plenitud a sus criaturas cuando la necesitan. Los que conozcan su nombre pondrán su confianza en él; y los que crean en él nunca serán confundidos.

6

Eterno Dios, o El Olam

El próximo nombre de Dios en las Sagradas Escrituras es «El Olam», que nuestra versión traduce «Dios Eterno». Un nombre que se repite escasamente, y en que no han reparado mucho ni siquiera los estudiantes de «la palabra de Dios» (Ro. 3:2), pero que revela una verdad y un hecho: el proceder de Dios con el hombre caído, mostrándolo paciente y sabio, justo y amante de todos. Este nombre nos dice que Dios se revela a los hombres en varias y diversas dispensaciones, «muchas veces y de muchas maneras» (Heb. 1:1), hasta donde les era posible conllevarlo, pero siempre de acuerdo con su propósito de sacarnos de nuestro estado caído y hacernos partícipes de su bienaventuranza. Si Dios lo permite, veremos cómo dicho nombre revela esta verdad —aunque la sabiduría de su proceder continúe todavía oculta para muchos, que, no obstante, pueden bendecirle porque son y serán suyos por siempre.

En primer lugar, encontramos «El Olam» en la vida de Abram, después que su nombre fue cambiado de Abram en Abraham, cuando el hombre de fe, durante tantos años estéril, había recibido el heredero de la promesa, Isaac, y, como consecuencia, la sierva había sido expulsada. «... en aquel tiempo» (Gn. 21:22), los gentiles vienen a Abraham y hacen un pacto con él en Beerseba, el «Pozo del Juramento», y Abraham «invocó allí el nombre de Jehová Dios eterno» (Gn. 21:33). Por tanto, la verdad que este nombre enseña pertenece a un cierto estadio en la vida de la fe, cuando la vida filial (que Isaac representa) es sacada a la luz por Sara (que es figura del Evangelio; cfr. Gá. 4:22, 30), y la semilla carnal (el fruto de la Ley) es juzgada y echada fuera. Pues, como Pablo dice, todas estas cosas son sombras de verdades espirituales; el nacimiento de Isaac «de la libre», y el rechazo del hijo «de la esclava» son figuras del cambio de la Ley al Evangelio. Al principio no sabemos que en el hacer de Dios con sus elegidos puede haber y habrá diversas operaciones y un cambio de dispensación; y que, si bien por un tiempo la Ley es necesaria, debe dar lugar al Evangelio, y que la gracia misma será reemplazada por una revelación más plena de la gloria de Dios. Cada una de estas etapas es necesaria para la perfección del hombre. Todo este panorama se nos despeja más a medida que avanzamos, y aprendemos que, si bien son preciosas las verdades reveladas bajo los nombres «Elohim», «Jehová», «El Shaddai», o «Adonai», queda no obstante más por revelar, lleno de instrucción para nosotros si, como Abraham, queremos caminar con Dios.

El nombre «El Olam» implica y enseña tanto el hecho de que en el hacer de Dios con sus criaturas hay sucesivos «tiempos», o «edades» o dispensaciones consecutivas, como que el divino proceder en sí es un «misterio» o «secreto» que se nos revela solamente a medida en que crecemos en la gracia. Esto es así porque la palabra «Olam», que significa «Eterno», contiene la idea de «secreto» y también de «tiempo» o «edad». La voz «El», que traducimos «Dios» (como en el caso de «El Shaddai» y «El Elyon»), expresa «poder», el poder de Ése «que hace lo que le place con el ejército del cielo y con los habitantes de la tierra» (Dn. 4:35). La palabra «Olam» tiene dos sentidos obviamente relacionados entre sí. Su sentido primario y original es *«ocultar»*, o *«esconder»*. De aquí que venga a significar *«tiempo oculto al hombre»* o *«tiempo indefinido»*. En nuestra versión de traduce con frecuencia *«para siempre»* y, en ciertos lugares, puede significar «tiempo inconmensurable», «durante una época» o «por mucho tiempo». Pero que, estrictamente hablando, es claro que expresa también un tiempo limitado. Esto se deduce no solamente de los pasajes que se refieren a la duración de una vida, o hasta el año del jubileo, o al período de la dispensación judía, sino también de otros pasajes donde la palabra es redoblada o se usa en plural (lo cual no sería posible si significara «para siempre») y donde su significado es «por mucho tiempo» o «de tiempo en tiempo» (Sal. 77:7, 8; Is. 45:17; Dn. 9:24, *etc.*). Unos pocos ejemplos de los diversos usos de la palabra pueden mostrarnos su fuerza real y, también la forma en que arroja luz sobre el nombre de Dios que estamos considerando ahora.

El vocablo «Olam», pues, se usa con sentido de tiempo limitado en una serie de pasajes, en algunos de los cuales se traduce «para siempre»; veámoslos. En Éx. 21:6 leemos de un siervo hebreo cuya oreja ha de ser horadada, y de quien se dice que será siervo *«para siempre»* (Lv. 25:46; cfr. también vv. 44, 45). Sin embargo, en ambos casos, la palabra solamente puede significar «de por vida», o «hasta el año del jubileo». Encontramos la palabra de nuevo en boca de Ana, cuando dice: «...Yo no subiré hasta que el niño sea destetado, para que lo lleve y sea presentado delante de Jehová, y se quede allí *para siempre*» (1º S. 1:22); palabras que ella misma explica después, diciendo: «... todos los días que viva será de Jehová» (v. 28). Aquís dice de David, cuando éste va a Gat: «... será *siempre* mi siervo» (1º S. 27:12). La misma palabra es a veces traducida simplemente «*tiempo*», como por ejemplo, en la ley de redención de las herencias, donde leemos que los levitas podrán rescatar en cualquier *tiempo* las casas en sus ciudades (Lv. 25:32). Se utiliza también con referencia al pasado: «... Vuestros padres habitaron *antiguamente* al otro lado del río» (Jos. 24:2); y, de nuevo: «... Ya fue en los siglos que nos han precedido» (Ec. 1:10). Y, otra vez, donde el Señor dice a Tiro por medio del profeta: «Y te haré descender... con los pueblos *de otros siglos*» (Ez. 26:20). El salmista dice: «Recuerdo los días de *antaño*» (Sal. 143:5). Encontramos un uso similar en «Desde *hace mucho* he callado» (Is. 42:14), y donde Isaías, hablando del pasado, usa la forma plural de la palabra cuando dice: «Despiértate... oh brazo de Jehová... como en el *tiempo antiguo*» (Is. 51:9). En un lugar, la palabra es traducida «*mundo*»: «He aquí estos ímpios, sin ser turbados del *mundo*, alcanzaron riquezas» (Sal. 73:12), significando, en realidad, «*en este tiempo presente*» o «*en esta época*» o «*durante la vida*». En todos estos lugares, la palabra «Olam» simplemente expresa «tiempo», y, por tanto, sin que haya la menor referencia a lo que entendemos por eternidad.

Una prueba todavía más abundante del significado de la palabra se encuentra en su constante uso con respecto al período y las determinaciones de la dispensación judía. Así, se utiliza con referencia al sacerdocio aarónico y al oficio de los levitas (Éx. 40:15 y 1º Cr. 15:2), a la pascua (Éx. 12:14, 17), a los sacrificios (Lv. 6:18), al servicio del tabernáculo y a otras viejas ordenanzas cúlticas, las cuales habían de perecer (2ª Co. 3:7). En todos estos casos, se suele traducir la palabra «para siempre». La misma palabra se usa con respecto a la heredad dada a Caleb (Jos. 14:9), a la desolada Hay (Jos. 8:28), al castigo de la casa de Elí (1º S. 3:13, 14), y a la lepra de Guejazí, a quien se dice que la lepra de Naamán se le pegará a él y a su descendencia *para siempre* (2º R. 5:27). De la tierra de Canaán se dice que la descendencia de Abraham la heredará *para siempre* (Gn. 13:15), mientras que la misma palabra se repite en la maldición contra Israel a causa de su desobediencia, como leemos: «Y vendrán sobre ti todas estas maldiciones, y te perseguirán, y te alcanzarán, hasta que perezcas... y serán por señal y por prodigio sobre ti y sobre tu descendencia *para siempre*» (Dt. 28:45, 46). De igual manera se dice a los israelitas de los moabitas y amonitas: «No procurarás la paz de ellos ni su bien... *para siempre*» (Dt. 23:6) ni entrarán en la congregación del Señor «para siempre», es decir, «jamás» (Dt. 23:3). Estos y otros incontables usos similares de la palabra «Olam» demuestran que expresa «tiempo», el «tiempo de una vida» o una «edad, era o época», pero siempre habla de algún período pasado, que sigue su curso y en el que se cumplen los haceres de Dios con la criatura.

La cuestión es lo que significa el vocablo cuando se aplica a Dios —como en el pasaje donde aparece por primera vez en el marco de la vida de Abraham, así como en otras partes de la Escritura (Sal. 90:2; Is. 40:28; 63:16;

Jer. 10:10; Mi. 5:2; Ro. 16:36; 1ªTi. 1:17, *etc.*). El nombre en sí, literalmente traducido, contiene y da la clave del misterio que es revelado, y, sin embargo, oculto, en él. «El Olam» es el «Dios anciano» o «Dios de los siglos o de la generaciones» (Gn. 21:33; Éx. 12:14, 17; 40:14, *etc.*), es decir, el Dios que va cumpliendo y realizando su voluntad a través de sucesivos tiempos y diversas dispensaciones, por cuanto que en la restauración de sus criaturas caídas se distinguen etapas. Como «Jehová», él es siempre «YO SOY», el testigo, no tanto del pasado o del futuro, sino de la verdad misma que no puede pasar porque es eterna. «El Olam» lo muestra más bien como el Dios «de los tiempos y las sazones», en los cuales obra para salir al paso a una caída pero que están llamados a desaparecer por cuanto no representan la verdadera vida (cfr. Heb. 8:13). Así, este nombre predice exactamente lo que el apóstol Pablo llama «propósito de los siglos» (Ef. 3:11), a saber: que en el hacer de Dios con los hombres para salvarlos, aunque su propósito permanece absolutamente inmutable, Dios, sin embargo, se revela en varios grados, según la capacidad del hombre para recibir la revelación creciente; primero, en la carne, después en el Espíritu; ora dando la Ley, ora el Evangelio; en un tiempo con una elección limitada, en otro con un llamamiento a todos los pueblos.

En otras palabras: el nombre «El Olam» enseña que en la restauración y redención de la humanidad hay un orden determinado, un principio y un fin, y ambos son partes componentes de un propósito; y que estos «tiempos» y «tiempos de los tiempos» (algunos pasados; otros, futuros), resultan del directo obrar del «Rey de los siglos... único y sabio Dios» (1ª Ti. 1:17), que revela su «multiforme sabiduría» y las «inescrutables riquezas de Cristo» (Ef. 3: 8, 10).

Notemos algunas de las ilustraciones que las Sagradas Escrituras nos dan de este «propósito de los siglos»; primero, tal como se nos muestra bajo la sombra de la Ley y, después, de acuerdo con la forma más claramente revelada en que aparece en los escritos del Nuevo Testamento.

Creo que no hay nadie que pueda haber estudiado las complejas regulaciones de la ley mosaica sin sentir que, si todo ese ceremonial viene de Dios, debe haber alguna sabiduría oculta tanto en las ordenanzas relativas a los sacrificios y al sacerdocio cuanto a los variados tiempos y estaciones, ordenados para los lavamientos y las redenciones de personas o de sus heredades perdidas, y en la ley respecto de los primeros frutos y del primogénito. Algunas de estas regulaciones son tan remarcables que es difícil concebir que no hayan sido ordenadas o establecidas sin propósito alguno. Pero no se nos deja en duda este punto. El Nuevo Testamento enseña distintivamente que todas estas cosas son sombras de las buenas cosas que han de venir (Col. 2:17), y que en ellas Dios está revelando la forma del retorno del hombre a él y los diversos pasos y tiempos a través de los que se cumple. No necesito hablar aquí de los «sacrificios» y del «sacerdocio», pues están sólo indirectamente relacionados con el nombre «El Olam». Será suficiente mostrar cómo los «tiempos» y las «sazones» de la ley son las sombras de aquellos «siglos», a través de los que Dios trabaja, y en virtud de los que él es Dios y Rey de ellos.

He hablado tanto sobre esto en otra parte (en mi libro sobre la *Restitution of all Things*, pp. 30-68), que será difícil no repetirme aquí; pero el tema es tan importante, y tan poco entendido, que será necesaria alguna repetición. Observemos, pues, que tanto los lavamientos como las redenciones tienen lugar en diferentes tiempos. Me refiero a aquellos períodos místicos de «siete días» (Lv. 12:2*etc.*), «siete semanas» (Lv. 23:15), «siete meses» (Lv. 16:29), «siete años» (Lv. 25:4) y «siete veces siete meses» (Lv. 16:29), «siete años» (Lv. 25:4) y «siete veces siete años» (Lv. 25: 8,9), los cuales completan el jubileo y son diferentes tiempos o espacios de tiempo para el lavamiento o la purificación y para la liberación. En el caso del leproso, y del impuro a causa de algún muerto, se determinan varios tiempos y etapas en el proceso de la purificación (Lv. 13 y 14). En la purificación de una mujer que había tenido un hijo, su limpieza era completa al cabo de cuarenta días, pero, si daba a luz a una niña, este período se duplicaba (Lv. 12:1-5). En algunos casos, un deudor o siervo quedaba libre a la vuelta del año sabático; en otros casos, esto no ocurría hasta el año sabático; en otros casos, esto no ocurría hasta el año del jubileo (Lv. 25:39, 40). Similarmente, si el pariente más próximo redimía la herencia perdida, ésta podía recuperarse en el acto (Lv. 25:25-27); si no se hacía así, y la herencia había sido vendida, se perdía durante el año del jubileo (Lv. 25:28). Más chocante todavía son los tiempos titulados «las fiestas solemnes de Jehová» (Lv. 23:2), cuando los frutos de la tierra son recolectados y reunidos o agrupados en su debido orden: primero, la gavilla o puñado de espigas, las primeras que brotan de la oscura tierra, y que permanecen el menor tiempo posible bajo su oscuridad, las que antes han madurado para ofrecerlas en el altar de Dios; esta ofrenda se hacía con motivo de la primera gran fiesta: la pascua (Lv. 23:10, 11). Después, cincuenta días más tarde, los panes con levadura, ofrecidos en la fiesta de las semanas, es decir, en pentecostés (Lv. 23:17). Finalmente, en el mes séptimo, la fiesta de los tabernáculos o de la reunión, «a la salida del año, cuando hayas recogido los frutos de tus labores del campo» (Éx. 23: 16; Lv. 23:39; Dt. 16:13). En todas estas fiestas, la semilla que va a la tierra figura la semilla de la gracia, y los primeros frutos de la primera son la sombra de los de la segunda, a saber: la semilla del Reino, la cual, si no muere antes, no se vivifica, y que vuelve a su Hacedor, «cada uno en su debido orden: Cristo, las primicias; después, los que son de Cristo, en su venida» (1ª Co. 15:23; cfr. también vv. 22, 24-28). Entonces se verá «si las primicias son santas, también lo es la masa restante» (Ro. 11:16), de acuerdo con el obrar del que es capaz de someter todas las cosas a sí mismo. No intentaré explicar todo esto aquí por cuanto ya lo he hecho en otro lugar, y este misterio de los «siglos» es «un secreto». Solamente digo que estos «tiempos y sazones» hablan de cosas mejores, y son los testigos, divinamente puestos, de la gran verdad que se nos presenta en el nombre «El Olam», el «Dios Eterno».

Pero también la creación, en sus diferentes etapas, nos cuenta la misma historia. En ella, «el Dios eterno, Jehová, el cual creó los confines de la tierra» (Is. 40:28) no lo hace todo de una, sino que trabaja gradualmente y a través de sucesivos y determinados días o períodos de tiempo. En la creación, cada día tiene su propio trabajo para recuperar una parte de la criatura caída, y así hasta pasar del vacío y la confusión a la luz, la forma y el orden. Seis días de labor preceden al día de descanso. Todo no surgió de repente. Muchas cosas no experimentaron cambio alguno hasta que la «luz» y «los cielos» son formados en el primer día y en el segundo (Gn. 1:4-8). Pero estas primeras obras actuaron sobre el resto, pues colaboraron con la palabra de Dios en los cambios subsiguientes hasta que «todo es muy bueno». Las vidas parciales predicen el mismo misterio incluso con mayor claridad. Hay un tiempo en que todavía Dios es indulgente con el viejo mundo, aunque «estaba la tierra llena de violencia» (Gn. 6:11), y un tiempo cuando ese mundo es juzgado por el diluvio y una nueva tierra emerge de las aguas. hay un tiempo en que Agar, la esclava, y una descendencia carnal tienen permiso para estar en la casa elegida, y un tiempo cuando lo que es nacido según la carne es echado fuera para dar lugar a lo que es nacido según el Espíritu (Gá. 4:22-30). Hay un tiempo para «los hijos de Leví» para «tomar del pueblo los diezmos según la ley» (Heb. 7:5) y un tiempo para el sacerdocio «según el orden de Melquisedec» (Heb. 7:11). Hay un tiempo cuando José es rechazado por sus hermanos y vendido a Egipto y un tiempo en que es exaltado y hecho cabeza del reino, y sus hermanos son informados y van a rendirle el adecuado reconocimiento. Los libros proféticos están llenos de la misma enseñanza. Ellos saben de un pacto viejo, ya pasado, y nuevo pacto que será establecido sobre mejores promesas (p. ej., Jer. 31:31-34). Saben también del llamamiento de Israel entre todas las naciones para ser «como la fruta temprana de la higuera en su principio» (Os. 9:10) y también de que «la tierra será llena del conocimiento de Jehová, como las aguas cubren el mar» (Is. 11:9). Hablan de «tiempo, tiempos, y la mitad de un tiempo» (Dn. 12:7), mientras los elegidos de Dios están dispersos, y de las setenta semanas o décadas de los jubileos, que están determinadas para acabar con las prevaricaciones y poner fin al pecado, y para traer la justicia perdurable (Lv. 25:8 y Dn. 9:24). Todo esto son sombras del «propósito de los siglos» que ha estado oculto en Dios desde el principio del mundo; todo esto denota sabiduría, la discierna el hombre o no. Pero, incluso si no dispusiéramos de estas figuras, el lenguaje del Nuevo Testamento, en su uso de las palabras que han sido traducidas «para siempre» y «por siempre jamás» o «eternamente», pero que literalmente significan «de por vida» y «por los siglos de los siglos», apunta ciertamente a la gran verdad que enseña el nombre «El Olam» o «Dios labrador de los siglos» —aunque las buenas nuevas de los «siglos venideros» hayan sido todavía poco reveladas. Las epístolas paulinas muestran que los «siglos» son períodos en los cuales Dios lleva gradualmente a cabo su propósito, el cual fue ordenado en Cristo antes de la caída y antes de los tiempos de los siglos (2ª Ti. 1:9; Tit. 1:2), en —y a través de— los cuales la caída está siendo remediada. Por ello leemos de la sabiduría que Dios «predestinó antes de los siglos para nuestra gloria» (1ª Co. 2:7). Es decir: Dios tenía un propósito «antes de los siglos», más allá de la caída, para traer una gloria más grande tanto a Él como a la criatura caída. Así, pues, se os habla clara y distintamente del «propósito de los siglos» (Ef. 3:11), mostrando que la obra de renovación sería ejecutada sólo a través de sucesivas épocas. También leemos que «Dios hizo los siglos por medio del Hijo» (Heb. 1:2 y 11:3), pues cada siglo o época o período llegó a ser lo que distintivamente era merced a lo que la eterna Palabra dijo y reveló de la mente de Dios en cada época. Cada época o período, como cada día de la creación, es diferenciada del resto por la forma y medida en que la Palabra de Dios fue expresada o profetizada en ella o en él, y, consecuentemente, también por el trabajo efectuado en cada uno de estos espacios de tiempo. Así, de nuevo leemos «del misterio escondido desde los siglos» (Ef. 3:9), y, otra vez, que el «misterio que había estado oculto desde los siglos y generaciones pasadas, pero que ahora ha sido manifestado a sus santos, a quienes Dios quiso dar a conocer cuáles son las riquezas de la gloria de este misterio entre los gentiles; que es Cristo en vosotros, la esperanza de la gloria» (Col. 1:36, 27). En otro lugar el apóstol habla de Dios y dice que «a él sea gloria en la iglesia y en Cristo Jesús por todas las edades, por los siglos de los siglos» (Ef. 3:21). Además dice que Cristo está «por encima de todo principado, autoridad, poder y señorío, y de todo nombre que se nombra, no sólo en este siglo, sino también en el venidero» (Ef. 1:21), que «en la consumación de los siglos, ha sido manifestado una vez para siempre por el sacrificio de sí mismo» (Heb. 9:26), y que «a nosotros... han alcanzado los fines de los siglos» (1ª Co. 10:11). Todas estas son palabras que hallan llanamente de algunas edades o tiempos del pasado y parecen implicar que otras están acercándose a su consumación. Finalmente, habla de los «siglos venideros» (Ef. 2:7), donde Dios quiere mostrar «las abundantes riquezas de su gracia en su benignidad para con nosotros en Cristo Jesús».

El nombre «El Olam» testifica precisamente de este «propósito de los siglos», apuntando a tiempos de refrigerio en la presencia del Señor, cuando «envíe a Jesucristo, designado de antemano» (Hch. 3:19), y cuando, en su debido orden y por medio de justo juicio, purificación, libertad, y descanso, los disfruten aquellos que todavía están en esclavitud, impuros, y sin su legítima herencia. En los «siglos», y no en algún otro misterio del

Evangelio, encontramos aquellas buenas cosas que están por venir, de las cuales los tiempos y las sazones legales eran la sombra. Los «siglos», como los días de la creación, hablan de una previa caída: son los «tiempos» por medio de los que Dios obra, porque hay mal, que rompe su descanso, pero que tienen un fin cuando la obra designada para hacer en ellos se termina y todo sea otra vez «muy bueno». El perfecto descanso o reposo de Dios no radica en los «siglos», sino más allá de ellos, cuando el Reino mediador, que es «por los siglos de los siglos» (Ap. 11:15), sea entregado (1ª Co. 15:24), y Cristo, por medio de quien todas las cosas son traídas en los siglos, vuelva a la gloria que tenía «antes de los tiempos de los siglos» (2ª Ti. 1:9). Las bien conocidas palabras, «Jesucristo en el mismo ayer, hoy, y por los siglos», primeramente dirigidas a hebreos, implican que a través de estos «siglos» se sigue necesitando un salvador, que será encontrado «hoy», como «ayer» lo fue, que está en el pasado y en el presente. El «Dios de los siglos» vive de siglo en siglo o, como otras versiones traducen, «por siempre jamás» o «por los siglos de los siglos» (Ap. 15:7). Porque él vive, nosotros también viviremos (Jn. 14:19). Todas las cosas son nuestras: la muerte o la vida; las cosas presentes o las venideras (Ro. 8:38).

Ahora bien, siempre se notará que, en todos los lugares donde «El Olam» aparece, hay una referencia más o menos oculta a las distintas etapas del hacer de Dios con sus criaturas. Así, la primera vez que nos encontramos con este nombre es cuando Abraham aprende que la esclava debe ser desechada, y que el mejor pacto es con el hijo de la libre. Moisés, «el hombre de Dios», invoca este nombre, diciendo: «Desde el siglo y hasta el siglo, tú eres Dios», sólo después de haber

131

aprendido que él morirá sin entrar en la tierra prometida, y exclama: «Reduce al hombre hasta convertirlo en polvo», y dices: Volved, hijos de los hombres» (Sal. 90:2, 3). Isaías, consolando a Israel, que cree haber perdido el favor de Dios, dice: «¿No has sabido, no has oído que el Dios eterno... el cual creó los confines de la tierra, no desfallece, ni se fatiga con cansancio?» (Is. 40:28) —aunque su obra, ahora como en la creación, avanza a través de sucesivas tardes y mañanas hasta alcanzar el día perfecto. Por ello, Jeremías, cuando llama al Señor «Rey de los siglos», el que hizo la tierra con su sabiduría y extensión los cielos con su entendimiento, habla en seguida de sus diversas operaciones: ahora trayendo las nubes, ahora dispersándolas; unas veces haciendo los relámpagos con la lluvia, otras sacando el viento de sus depósitos (Jer. 10:10, 12, 13). Similarmente, Miqueas, previendo los días en que vendrán muchas naciones que dirán: «Venid, subamos al monte de Jehová» (4:2), y «forjarán sus espadas para azadones y sus lanzas para hoces» (v. 3) habla del mismo nombre, y de Aquél cuyos orígenes son desde el principio, desde los días de la eternidad, el cual será engrandecido hasta los fines de la tierra (Mi. 5:2, 4). Pablo habla todavía más claro del mismo nombre, y de la revelación del misterio que ha sido mantenido en silencio desde los tiempos de los siglos, pero que ha sido manifestado ahora según el mandamiento del Dios eterno o del Dios obrador de los siglos (Ro. 16:25, 26); y, de nuevo, se refiere al «Rey de los siglos», el bendito Dios, por cuya gracia le fue encomendado el glorioso evangelio: «que Cristo Jesús vino al mundo para salvar a los pecadores» (1ª Ti. 1:15; cfr. también vv. 14, 17). Y, si no me equivoco, el mismo título, «Dios, que vive por los siglos de los siglos» (Ap.

15:7) (en la revelación de algunos a quienes se ve «en pie sobre el mar de vidrio, con arpas de Dios», en tanto otros tenían que sufrir las siete últimas plagas, porque en ellas «se consumaba el furor de Dios», Ap. 15:1, 2) nos asegura la misma verdad de que, en tanto la caída y sus amargos frutos permanezca (con copas de ira y juicio a lo largo de los siglos y por los siglos de los siglos), hay Uno que vive y sobrevive a todas estas edades, que es siempre el mismo, y que es capaz de salvar a todos los que vienen a Dios por él y de interceder por ellos (Heb. 7:23). Así, cada referencia a este nombre es significante, aunque todavía pocos conozcan su significancia, pues incluso hoy las palabras del profeta son verdad: «verdaderamente tú eres un Dios que te encubres, oh Dios de Israel, que salvas» (Is. 45:15).

Así es este nombre, y, como tal, un testimonio de cómo con palabras o nombres que pasan a menudo desapercibidas, puede la Escritura estar enseñando secretos del sabio propósito de Dios, ocultos incluso de los elegidos, hasta que llegue el tiempo de su plena revelación. Mi segura convicción es que las cosas más profundas de la Escritura, como las de nuestra común vida diaria (las cuales yacen en el mismo fundamento de nuestro ser en el aquí y en el ahora), son cosas de las cuales no se puede hablar abiertamente a todos, aunque, no obstante, se asuman y a menudo se aluda a ellas indirectamente. Ciertamente, en las vidas de los patriarcas, se ocultaban secretos divinos en hechos o palabras aparentemente sin importancia, que han necesitado siglos para su revelación y que muy pocos reconocen o se dan cuenta de ellos. Dios dijo a Abrahm: «En Isaac te será llamada descendencia». «Esto es —dice Pablo— no son hijos de Dios los que son hijos según la carne, sino que son los hijos según la promesa» (Ro. 9:8; cfr. v. 7). «Porque está escrito que Abrahm tuvo dos hijos, uno de la esclava, y otro de la libre» (Gá. 4:22). Pero en la historia de estas dos mujeres y de sus descendencias, como muestra el apóstol, tenemos el secreto tanto de la Ley como del Evangelio, y de la caducidad de la primera y de la afirmación del segundo (Gá. 4:22, 30). Hasta aquí lo concerniente al nombre «El Olam», raramente usado, pero siempre en conexiones especiales, develando un secreto. Ignorar esto puede mantenernos inconscientes de la progresiva revelación de Dios, y dejarnos, como en el caso de los judíos, adheridos a lo que ya no tiene vigencia, a la vista de que ya algo mejor ha sido revelado. Bienaventurados son los que, como Abraham y Moisés en tiempos pasados, y como Pablo y Juan cuando la era judía se había desvanecido, han aprendido tan sólo un poco de este secreto de los «siglos», el cual es como «una lámpara que alumbra en un lugar oscuro, hasta que despunta el día y el lucero de la mañana alboree en nuestros corazones» (1ª P. 1:19).

7

Señor de los ejércitos, o Jehová Sabaot

El último nombre de Dios que nos da el Antiguo Testamento es «Jehová Sabaot» o «Señor de los ejércitos». Este título presenta una especial peculiaridad, a saber, su relación con el fracaso de Israel en su función como pueblo elegido. Nunca aparece en los libros de Moisés, ni en Josué, Jueces, Job, Proverbios o Eclesiastés. Se encuentra, aunque raramente, en los libros de Reyes y de las Crónicas, y no mucho más en los Salmos. Pero en la mayoría de los Profetas, especialmente en aquellos que vivieron más de cerca y que sintieron más íntimamente el fracaso de Israel en la tierra prometida, tropezamos con este nombre constantemente: casi ochenta veces en Jeremías; catorce, en los dos cortos capítulos de Hageo; muy próximo a las cincuenta veces en Zacarías, y, veinticinco, en la breve y concluyente profecía de Malaquias.

Este hecho es ciertamente significativo, pues denota que la enseñanza o lección que este nombre comporta pertenece a un cierto período en la experiencia del pueblo elegido de Dios. Generalmente hablando, cada nombre de Dios es revelado para suplir alguna necesidad de la criatura, pero algunas necesidades eran sentidas como tales antes que otras. Toda alma despierta se siente en cierto grado necesitada. Los nombres «Elohim» y «Jehová», que describen un Dios en pacto pero justo, se conocen en el período más primitivo y en la más baja plataforma. Tenemos que conocernos como «vacíos y deformes», como estaba la tierra cuando Dios comenzó a trabajar con ella, y veremos al menos algo del valor de su primer y muy bendito nombre «Elohim». A medida que aprendemos que el hombre «vino a ser un alma viviente» y, por tanto, a estar sometido a la ley, vemos las riquezas que reserva «Jehová» para nosotros, el cual es justo y dador de su justicia al hombre. A medida que avanzamos por el camino indicado, vamos conociendo que las formas en que Dios se relaciona son cada vez más elevadas, y algunas de ellas las aprendemos por medio de nuestro fracaso y también del juicio que aquél nos acarrea. En cuanto sentimos la necesidad de su misma vida para dar a luz la descendencia prometida, le conocemos como el «Todopoderoso», que se da a nosotros y nos hace partícipes de su fertilidad. En tanto vamos viendo cómo hasta los gentiles tienen conocimiento de Dios, sabremos de él como el «Altísimo», que tiene un sacerdocio mucho más vasto que el que primeramente conocimos, a saber, el sacerdocio de la elección. El nombre «El Olam», el «Dios de los siglos», es conocido a través de una experiencia más dolorosa. Abraham y Moisés no lo conocieron hasta que el primero hubo de ver cómo Sara era desechada y, el segundo, entendió que él no entraría con Israel en la tierra prometida, sino que desaparecería antes que el elegido de Dios heredara la tierra del otro lado del Jordán. Así es con el nombre «Señor de los ejércitos» o «Sabaot». No sabemos de este nombre en tanto somos esclavos de Egipto o caminamos por el desierto. Tampoco sabemos de él cuando cruzamos el Jordán por primera vez —es decir, cuando ocupamos nuestro lugar como resucitados con Cristo, y permanecemos en su promesa como más que vencedores de los espíritus malignos que habitan en las regiones celestes (Ef. 6:12). Es cuando Israel ha fracasado, no solamente en Egipto o en el desierto, sino en la tierra prometida, cuando el nombre «Jehová Sabaot» se conoce por vez primera; y no fue hasta que Israel fuera dividido y se viera en el peligro de ser llevado cautivo fuera de la tierra, que este nombre no llegó a ser aquel hacia el que los profetas se volvían instintivamente para buscar consuelo y liberación. En otras palabras, no conocemos el nombre «Señor de los ejércitos» hasta que hemos aprendido que la iglesia ha caído y que los «ejércitos de Israel» (Nm. 1:52; 2:4, 6, 8, 11, *etc.*) ya no pueden ayudarnos pues, por desgracia, están divididos y destruyéndose mutuamente. Pero, aunque Israel fracase, Dios permanece firme, y, como «Señor de los ejércitos», hay ayuda en él, muy especialmente cuando sus elegidos carecen de algún otro ayudador. Por tanto, cuando todo se conmociona, el salmista dice: «Aunque bramen y borboteen sus aguas, y tiemblen los montes a causa de su ímpetu... Jehová de los ejércitos está con nosotros...» (Sal. 46:3, 7). Dios es, y debe siempre ser, suficiente para enriquecer tanto a una iglesia como a un mundo arruinados, y la iglesia, a causa del depósito que le ha sido encomendado, necesita su ayuda incluso más que el mundo incrédulo, que tan alejado está de él.

Bien, prestemos ahora atención a algunos de los textos y lugares donde «Jehová Sabaot» aparece para que veamos mejor su valor. Lo encontramos primeramente, tres, tres o cuatro veces, en 1º de Reyes. Este libro, como cualquier otro de la Sagrada Escritura, tiene un propósito especial. En este caso, el propósito es mostrar cómo el fracaso de los sacerdotes condujo a un profeta a reemplazarlos y, después, cómo el fracaso del profeta (que hizo jueces a sus hijos, aunque después no andaron en sus caminos) forzó al pueblo a pedir un rey que los condujera y juzgara como ocurría en el resto de las naciones (1º S. 8:7). De todo esto «dijo Jehová a Samuel: Oye la voz del pueblo en todo lo que te digan: porque no te han desechado a ti, sino a mí me han desechado, para que no reine sobre ellos» (1º S. 8:20), con un rey, «que saldrá delante de nosotros, y hará nuestras guerras» (1º S. 8:20), y que, con este fin, cuando viera algún hombre que fuera esforzado y apto para combatir, lo juntara consigo (1º S. 14:52). El deseo del pueblo era tener algo fuerte delante de sus ojos que hiciera para ellos las cosas que Dios había pactado hacer, —algo o alguien que tomara su lugar, como si el Señor estuviera ausente de ellos. En este ambiente, con sacerdotes como Ofní y Fineés, que hacían transgredir al pueblo de Dios; y con el arca, ahora en poder de los filisteos y más tarde dejada en Quiryatjearím durante años, es cuando el nombre «Jehová de los ejércitos, que mora entre los querubines» aparece por primera vez en las Sagradas Escrituras (1º S. 1:2, 11; 6). Como es tan frecuente en la forma de hacer de Dios, es una mujer sufriente y estéril la que primeramente conoce este nombre y pone en él su confianza (1º S. 1:11). Después lo encontramos cuando el ejército de Israel es derrotado por los filisteos (1º S. 4:2, 4); más tarde, en boca de David, «el mozalbete», cuando se enfrenta a Goliat de Gat, no con espada, lanza o jabalina, sino «en el nombre de Jehová de los ejércitos» (1º S. 17:45). En esta etapa de la historia de Israel, el nombre «Jehová Sabaot» aparece sólo raramente. Incluso es posible que en este tiempo su significado fuera poco entendido —y hasta quizá mal entendido— por los que lo usaban. Un alma que trata con Dios, y escucha su palabra, dice constantemente verdades que superan la capacidad de comprensión del que habla, y que, si intentara explicarlas, no solamente podría enunciarlas mal, sino incluso más o menos negarlas. Por ejemplo, Pedro, cuando el Espíritu Santo fue impartido, predicaba que el Espíritu sería derramado sobre toda carne, y, sin embargo, su forma de pensar con respecto al gentil Cornelio demostraba que no estaba preparado para recibir la verdad que anunciaba (Hech. 2:17 y 10:14, 28). Por tanto, es bastante posible que cuando el nombre «Jehová de los ejércitos» fue revelado por primera vez a los elegidos de Dios, relacionaran este título con ejércitos terrenales o con las huestes de Israel. Pero las declaraciones de los profetas, donde el nombre se encuentra tan a menudo, nos muestran su verdadero contenido y lo que había de revelar al dividido y desalentado pueblo de Dios.

En boca de los profetas, este nombre suena con toda certeza y claridad. Habla de Uno que, aunque su iglesia se arruine en la tierra, continúa no obstante siendo el Señor de las huestes celestiales, y que, por tanto, cualquiera que sea el fracaso de sus elegidos en la tierra (en relación a la dispensación, es decir, a lo que les está encomendado), puede cumplir y cumplirá su propósito de bendición al mundo, incluso quizás con mayor abundancia por medio del fracaso de su pueblo. Para los profetas, el «Señor (o Jehová) de los ejércitos» y el «Dios del cielo» y de los «ejércitos del cielo», por medio de los que puede hacer lo que le place aunque los hombres se rebelan en la tierra y se apartan de él (Dn. 2:18, 28, 37; 4:37; 5:23; Sal. 148:1, 2, *etc.*). Así Isaías, en los días de Acaz, que anduvo «conforme a la abominación de las naciones» hasta que Judá fue derrotada y esclavizada (2º Cr. 28:1-5), y así «queda la hija de Sión como enramada en viña, y como cabaña en melonar, como ciudad sitiada» (Is. 1:8), para que se vuelva a este nombre en busca de socorro, dice: «Si Jehová de los ejércitos no nos hubiese dejado un resto pequeño, habríamos llegado a ser como Sodoma, y semejantes a Gomorra» (Is. 1:9). Y, nuevamente, en el año en que el rey Uzías murió (el cual había librado al pueblo de los filisteos, y a quien los amonitas dieron presentes, pues había edificado torres en Jerusalén y tenía un ejército de guerreros, por todo lo cual su fama se extendió lejos) (2º Cr. 26:6-15), la visión que Isaías vio fue la de un Señor más fuerte que el rey terrenal, que ya había pasado, —un Señor cuya orla de su manto llenaba el templo, y del que las huestes daban voces, diciendo «Santo, santo, santo es Jehová de los ejércitos; toda la tierra está llena de su gloria» (Is. 6:3; cfr. vv. 1-2). De nuevo, cuando los reyes de Israel y de Siria se confederaron contra Judá, y el corazón del pueblo se estremeció, como se estremecen los árboles del monte a causa del viento» (Is. 7:2), el Señor habló sí, diciendo: «No llaméis conspiración a todas las cosas que este pueblo llama conspiración; ni temáis lo que ellos temen, ni tengáis miedo. A Jehová de los ejércitos, a él santificad; sea él vuestro temor, y sea él vuestro miedo... él será por santuario... El celo de Jehová de los ejércitos realizará esto» (Is. 8:11-14); 9:7). Siempre es así. Es «Jehová de los ejércitos» el que castiga a su pueblo por su infidelidad (Is. 9:13, 19). Es

«Jehová de los ejércitos» el que, cuando el pueblo ha sido maltratado, hiere a su adversario y le trae ayuda y plena libertad. «Por tanto, el Señor, Jehová de los ejércitos, dice así: Pueblo mío... no temas de Asiria, aunque con vara te herirá, y contra ti alzará su palo, pues de aquí a muy poco tiempo se consumará mi furor... Y levantará Jehová de los ejércitos un azote contra él... y su carga será quitada de tu hombreo» (Is. 10:12, 24-27). «Como el león... así Jehová de los ejércitos descenderá a pelear sobre... collado. Como las aves que aletean... así amparará Jehová de los ejércitos a Jerusalén; la librará» (Is. 31:4,5).

El uso de este nombre se hace especialmente un medio de consuelo en labios de los profetas cuando el pueblo está cautivo. Como ya he dicho, Jeremías en el contesto de la destrucción de Jerusalén lo usa casi ochenta veces, y Hageo lo repite constantemente en sus exhortaciones al pequeño remanente salido de Babilonia para reconstruir la casa del Señor: «Pues ahora, Zorobabel, ten ánimo, dice Jehová; ten ánimo tú también, Josué hijo de Josadac, sumo sacerdote; y cobrad ánimo, pueblo todo de la tierra, dice Jehová, y trabajad; porque yo estoy con vosotros, dice Jehová de los ejércitos... Porque así dice Jehová de los ejércitos: De aquí a poco yo haré temblar los cielos y la tierra, el mar y la tierra seca... y llenaré de gloria esta casa, ha dicho Jehová de los ejércitos. Mía es la plata, y mío es el oro, dice Jehová de los ejércitos. La gloria postrera de esta casa será mayor que la primera, ha dicho Jehová de los ejércitos; y daré paz en este lugar, dice Jehová de los ejércitos... en aquel día, dice Jehová de los ejércitos, te tomaré, oh Zorobabel... siervo mío» (Hag. 2:4-9,23). La tónica es la misma en el último de los viejos profetas. Él derrama sus quejas ante la corrupción de los viejos profetas. Él derrama sus quejas ante la corrupción creciente: «... los que hacen impiedad no sólo son prosperados, sino que tentaron a Dios y esperaron» (Mal. 3:15). Pero un pequeño remanente teme a Jehová y piensa en su nombre: «Y ellos serán míos, dice Jehová de los ejércitos, mi propiedad personal en el día en que yo actúe; y los perdonaré, como el hombre que perdona al hijo que le sirve» (v. 17). Por tanto, él contestará siempre al clamor: «Jehová, Dios de los ejércitos, ¿hasta cuándo mostrarás tu indignación contra la oración de tu pueblo? ¡Oh Jehová, Dios de los ejércitos, restáuranos! Haz resplandecer tu rostro y seremos salvos» (Sal. 80:4, 19).

La Escritura está llena de ilustraciones de la forma en que el «Señor (o Jehová) de los ejércitos» utiliza sus ejércitos para la corrección y liberación de su pueblo y para el castigo de sus adversarios, con terribles despliegues de justo juicio. David es un ejemplo. Todo Israel le había aceptado como rey. El Señor le había dado descanso de todos sus enemigos en derredor. Entonces viene la tentación de censar Israel para ver lo fuerte que él, como rey, era. «Salió, por tanto, Joab, y... dio la cuenta del número del pueblo a David. Y había en todo Israel un millón cien mil capaces de manejar las armas y de Judá cuatrocientos setenta mil hombres que manejaban espada» (1º Cr. 21:4, 5). ¿Pueden estos valerosos y poderosos hombres ayudar si Dios es olvidado? ¿No era David más fuerte, sin ayuda y solo, cuando aceptó el reto de Goliat de Gat en «el nombre de Jehová de los ejércitos», que lo es ahora con un millón de hombres calientes? La respuesta del Señor al censo de la gente fue enviar su hueste: «Y envió Jehová el ángel a Jerusalén para destruirla... Y alzando David sus ojos, vio al ángel de Jehová, que estaba entre el cielo y la tierra, con una espada desenvainada en su mano, extendida contra Jerusalén» (vv. 15, 16); y murieron de Israel setenta mil hombres, porque Jehová envió una peste en Israel (cfr. v. 14). Así, también, cuando Acab reúne sus ejércitos para ir contra Ramot de Galaad, y el rey de Judá se le une, diciendo: «Yo soy como tú, y mi pueblo como tu pueblo, y mis caballos como tus caballos» (1º R. 22:4), el profeta del Señor, Miqueas, dice: «Yo vi a Jehová sentado en su trono, y todo el ejército de los cielos estaba junto a él, a su derecha y a su izquierda» (v. 19). Y salió un espíritu de entre esta hueste y, a pesar de los ejércitos de Israel, Acab es engañado por medio de este espíritu y derrotado. Así leemos: «Y un hombre disparó su arco a la ventura e hirió al rey de Israel por entre las junturas de la armadura» (v. 34). Esto no fue una casualidad, como los hombres dirían, sino el ángel del Señor que, en silencio, cumple la previa amenaza de juicio. Y, otra vez, en el caso de Eliseo, cuando el rey de Siria envió «gente de a caballo, y carros, y un gran ejército, los cuales vinieron de noche, y sitiaron la ciudad. Y se levantó de mañana y salió el que servía al varón de Dios, y... le dijo: ¡Ah, señor mío!, ¿qué haremos? Él le dijo: No tengas miedo, porque más son los que están con nosotros que los que están con ellos. Y oró Eliseo, y dijo: Te ruego, oh Jehová, que abras sus ojos para que vea. Entonces Jehová abrió los ojos del criado, y miró; y he aquí que el monte estaba lleno de gente de a caballo, y de carros de fuego alrededor de Eliseo» (2º R. 6:14-17). El profeta fue salvado y «nunca más entraron bandas armadas de Siria en la tierra de Israel» (v. 23). En otra ocasión, cuando el rey de Asiria envió a Rabsaces con un gran ejército contra Jerusalén, y Ezequías, que no tenía fuerzas para salvar a su pueblo, grita y clama, pidiendo ayuda al que mora entre los querubines, la respuesta es: «Así dice Jehová acerca del rey de Asiria: No entrará en esta ciudad, ni echará saeta en ella... Por el mismo camino que vino, volverá, y no entrará en esta ciudad, dice Jehová. Porque yo ampararé esta ciudad para salvarla, por amor a sí mismo, y por amor a David mi siervo. Y aconteció que aquella misma noche salió el ángel de Jehová, y mató en el campamento de los asirios a ciento ochenta y cinco mil; y cuando se levantaron por la mañana, he aquí que todo era cuerpos de muertos» (2º R 19:32-35); también v. 17). Bien puede el salmista exclamar: «Oh Jehová, y tu fidelidad te rodea. Tú tienes dominio sobre la braveza del mar; cuando se levantan sus olas, tú las sosiegas» (Sal. 89:8, 9).

Y así ha sido siempre, aunque en los primeros días el pueblo de Dios lo supiera con menos claridad, pues el amor provee para el bebé indefenso, aun cuando éste sea completamente inconsciente del servicio que se le presta. Los ejércitos de Dios han ayudado siempre a sus elegidos y los han servido. Lot deja a Abram, y habiendo puesto primeramente sus tiendas hasta Sodoma, pronto mora allí y se le ve sentado a la puerta (Gn. 13;12; 14:12; 19:1). «Llegaron... dos ángeles a Sodoma...Y viéndolos Lot, se levantó a recibirlos... Y dijeron los varones a Lot: ¿Tienes aquí alguno más? Yernos, y tus hijos y tus hijas, y todo lo que tienes en la ciudad, sácalo de este lugar; porque vamos a destruir este lugar, por cuanto el clamor contra ellos ha subido de punto delante de Jehová; por tanto, Jehová nos ha enviado para destruirlo... Y al rayar el alba, los ángeles daban prisa a Lot, diciendo: Leván- tate, toma tu mujer, y tus dos hijas que se hallan aquí, para que no perezcas en el castigo de la ciudad» (Gen.

144

19:1-17). Así, de nuevo, cuando Agar huye de la casa de Abram, el ángel de Jehová la halló junto a una fuente en el desierto (Gn. 16:7-11). En el caso de Jacob, cuando, huyendo de Esaú, llega a un cierto lugar y se echa a dormir, teniendo una piedra por cabecera, ocurre algo similar. La ayuda está cercana a él; pues soñó con una «escalera que estaba apoyada en tierra, y su extremo tocaba en el cielo; y he aquí ángeles de Dios que subían y descendían por ella» (Gn. 28:12). Y, otra vez, cuando continuó su camino, «le salieron al encuentro ángeles de Dios. Y dijo Jacob cuando los vio: Campamento de Dios es este» (Gn. 32:1, 2). Siempre es así, donde hay una necesidad real. «El ángel de Jehová acampa alrededor de los que le temen, y los defiende» (Sal. 34:7). Pero es especialmente el Nuevo Testamento el que revela este ministerio de la hueste celestial a los elegidos de Dios. Ángeles aparecen constantemente doquiera hay una necesidad que cubrir o un peligro que vencer. El ángel del Señor se le apareció a José (Mt. 1:20), y a Zacarías (Lc. 1:13, 19), y a María (Lc. 1:26, 30), y a los pastores (Lc. 2:9, 10, 13), cuando una multitud del ejército celestial alaba a Dios y decía: «¡Gloria a Dios en lo más alto! Y en la tierra paz; buena voluntad para con los hombres» (Lc. 2:14).

En cada caso, los ángeles comienzan su mensaje con una exhortación a no tener temor, pues la apertura del mundo del espíritu, incluso para ayudarnos, siempre nos despierta un mayor o menor sentido de la debilidad de la carne y la sangre, y de que en nuestro estado actual somos poco aptos para tratar directamente con las realidades celestiales. «¿No son todos espíritus ministradores, enviados para servicio de los que van a heredar la salvación?» (Heb. 1:14).

Su incesante ministerio a nuestro Señor es el modelo de su ministerio a nosotros, pues «somos miembros de su cuerpo, de su carne y de sus huesos» (Ef. 5:30). Los Evangelios muestran cómo han estado siempre sirviendo al Invisible. Ya hemos visto la forma en que los ángeles cantaban cuando nació. Ángeles fueron los que le condujeron de pequeño a Egipto y, después, de nuevo a Israel (Mt. 2:13, 19). Igualmente, ángeles le ministraron en las tentaciones (Mt. 4:11), le confortaron en el jardín (Lc. 22:43) y removieron la piedra de su sepulcro, declarando después a los dicípulos que Jesús crucificado «No está aquí, pues ha resucitado» (Mt. 28:6; cfr. v. 2). Jesús era también consciente del ministerio de los ángeles, como sus mismas palabras, dirigidas a los discípulos, demuestran: «¿O te parece que no puedo ahora rogar a mi Padre, y que él no pondría a mi disposición más de doce legiones de ángeles?» (Mt. 26:53). «De cierto, de cierto os digo: De aquí en adelante veréis el cielo abierto, y a los ángeles de Dios que suben y descienden sobre el Hijo del Hombre» (Jn. 1:51).

Las vidas de los apóstoles están llenas de ilustraciones de este servicio celestial. Pedro en la prisión (Hch. 12:8), Felipe conducido al desierto (Hch. 8:26), Pablo en la tormenta (Hch. 27:23), Juan en Patmos (Ap. 1:1), son testigos de la ayuda angélica que está siempre al servicio de los siervos del Señor. A Juan le fue especialmente dado, no sólo ver y oír «la voz de muchos ángeles alrededor del trono» (Ap. 5:11), sino también cómo se encomendaba a estos ángeles una buena parte del gobierno de este mundo. «Porque. no sometió a los ángeles el mundo venidero, sino al hombre» (Heb. 2:5, 6). Pero el mundo que ahora es, tal como Juan lo vio, está en manos de las huestes celestiales, cuya tarea es cumplir la voluntad de Dios hasta que aquel mon: ne llegue. No solamente hay ángeles de las iglesias \p 1:20; 3:1, 8, 12, 18, *etc.*), y ángeles alrededor del n (Ap. 7:11), sino que también hay «ángeles en pie s ore los cuatro ángulos de la tierra, que detenían los cu ro vientos de la tierra, para que no soplase viento al; no sobre la tierra, ni sobre el mar, ni sobre nii ún árbol» (Ap. 7:1); ángeles con trompetas, cuyo soni(es seguido de juicios sobre la tierra, el mar y las fu les de aguas (Ap. 8:6-12); hay ángeles con vasos, llen de la ira de Dios (cfr. 15:1,7), ángeles que están atados : ara matar a la tercera parte de los hombres (v. 15); hay también un ángel de las aguas, que decía: «Justo es, oh Señor... porque has juzgado estas cosas» (16:5), un ángel que estaba de pie en el sol, el cual declara el ju io de toda carne (cfr. 19:17, 18); hay un ángel con el s llo del Dios vivo, cuyo trabajo es sellar en las frentes a los siervos de Dios (cfr. 7:2, 3) y un ángel volando en m lio del cielo, que tiene un evangelio eterno para predica rlo a los que habitan sobre la tierra, a toda nación, tr u, lengua y pueblo (cfr. Ap. 14:6); hay un ángel que anuncia «ha caído Babilonia, la gran ciudad, porque ha hecho beber a todas las naciones del vino del furor de su fornicación» (14:8); y muchos otros, como, por ejem-plo, se habla de un ángel que dice: «Ven acá; y te mostraré la novia, la esposa del Cordero» (21:9), y que, cuando Juan cae postrado ante él para adorarlo, exclama: «Mira, no lo hagas; porque yo soy consiervo tuyo... Adora a Dios (22:9). De principio a fin, el Apocalipsis está lleno de ángeles que son enviados por su Señor para testificar de estas cosas en las iglesias (Ap. 22:16).

Debe haber un tiempo en el que difícilmente podemos adaptarnos a ver estas cosas. Incluso en el caso de verlas, como ocurrió con el amado Juan, la visión puede ser tan brillante que el vidente puede caer por un momento ante un consiervo, como Cornelio que se postró a los pies de Pedro y lo adoró, el cual le levantó, diciendo: «levántate, pues yo mismo también soy hombre» (Hch. 10:26). Sin embargo, semejante visión nunca se olvida. El vidente aprende de ella, por un medio muy superior al de las palabras, que «las aflicciones del tiempo presente no son comparables con la gloria venidera que ha de manifestarse en nosotros» (Ro. 8:18). Incluso la creencia de que hay tales espíritus ministradores no puede dejar de confortar al oprimido. Por tanto, el apóstol Santiago, refiriéndose al jornal de los obreros que han cosechado las tierras y que no les ha sido pagado por los ricos (que lloran y aullan por las miserias que están a punto de sobrevenirles), simplemente dice: «... los clamores de los que trabajan en la cosecha han entrado en los oídos del Señor de los ejércitos» (Stg. 5:4). Los ricos serán ajusticiados, si no por los hombres, sí por el Señor de los ejércitos. Todos son llamados a saber cuán cerca está él y cuán próximas están las huestes invisibles que hacen su voluntad. Pues, como el autor de Hebreos dice, «Porque no os habéis acercado al monte que se podía palpar... al sonido de la trompeta y a la voz que hablaba... sino que os habéis acercado al monte de Sión, a la ciudad del Dios vivo, la Jerusalén celestial, a la asamblea festiva de miríadas de ángeles, a la congregación de los primogénitos que están inscritos en los cielos, a Dios el Juez de todos, a los espíritus de los justos hechos perfectos» (Heb. 12:18-22). Este nombre, «Señor de los ejércitos», revela que podemos saber qué ayuda está siempre cercana en Ése que «a sus ángeles dará orden acerca de ti, de que te guarden en tus caminos» (Sal. 91:11).

Tal vez puede decirse que, aunque todas estas cosas eran conocidas por los antiguos santos, los cristianos tienen ahora poca o ninguna experiencia de ellas. Pero seguramente esto no es así. Hay pocos entre los verdaderos creyentes pobres, que carecen de hechos de los que hablar, que prueban que la ayuda angélica está todavía tan cercana como siempre. Si los hombres no la han probado, no es porque no la necesiten, sino porque no la han buscado confiadamente. gracias a Dios que hay todavía unos pocos que saben que el Señor de los ejércitos está con nosotros. Estos no pueden sino bendecirle por las pruebas a través de las cuales han llegado a saber de este nombre y, por tanto, pueden decir, no sólo con los labios, sino también con el corazón: «Santo, santo, santo, Señor, Dios, de Sabaot, los cielos y la tierra están llenas de la majestad de tu gloria».

8

Padre, Hijo, y Espíritu Santo

Los nombres de Dios que hemos considerado hasta ahora pertenecen al antiguo pacto, bajo el cual, lo que puede ser conocido de Dios, fue enseñado «... un poquito allá» (Is. 28:10), adecuando la enseñanza al estado en que los hombres se encontraban, no conociendo al Dios que se ha revelado en Cristo por medio del Espíritu Santo. El nombre perfecto no es declarado por Jesucristo, nuestro Señor, como «el nombre del Padre, y del Hijo, y del Espíritu Santo», en el cual se unifica y resume todo lo revelado y enseñado en la antigüedad por medio de patriarcas y profetas bajo el antiguo pacto. Tanto aquí como en las vidas de los patriarcas, o en la sombra de la Ley, encajan las bien conocidas aplabras de Agustín acerca de que «el Nuevo Testamento yace oculto en el Antiguo, en tanto que el Antiguo es revelado en el Nuevo» (*Quoest. in Exod.* párr. 73 del capítulo xx. 19). El «nombre del Padre, y del Hijo, y del Espíritu Santo», sólo manifiesta en su plenitud lo que fue enseñado en parte, bajo velo, en los nombres «Elohim», «Jehová, «El Shaddai», y «Adonai».

El nombre que ahora nos ocupa nos llega de la boca del Cristo resucitado, pero que, sin embargo, fue revelado a aquellos que lo conocieron en la carne, en sus manifestaciones parciales, y que, por medio del conocimiento de su muerte y resurrección, recibieron de él la misión de ir y enseñar a todas las naciones, bautizándolas en el nombre del Padre, y del Hijo, y del Espíritu Santo (Mt. 28:19). Pues él todavía está entre nosotros, y por su Espíritu puede manifestar su nombre (Jn. 17:6), para que nuestros corazones sean consolados y unidos en amor (Col. 2:2), y así, a su debido tiempo, podamos «alcanzar todas las riquezas de una plena seguridad de comprensión, a fin de conocer bien el misterio de Dios el Padre, y de Cristo» (Col. 2:2). Su voluntad es que le conozcamos y que seamos partícipes de su misma naturaleza (2ª P. 1:4); llamados así a revelar con palabra y obra algo de la gloria que es puesta ante nosotros en este último y más maravilloso nombre de «el Padre, y del Hijo, y del Espíritu Santo».

Volvamos, pues, a este nombre, y quiera el Señor declarárnoslo, para que el amor con que el Padre le amó permanezca en nosotros, y él también.

Primeramente, hemos de decir que «el nombre del Padre, y del Hijo, y del Espíritu Santo» es uno, y no tres o muchos nombres. Nuestro Señor no dice: «Bautizándoles en los nombres» sino «en el nombre, del Padre, y del Hijo, y del Espíritu Santo». Pues, como dijo al escriba, «El Señor, nuestro Dios, es un solo Señor» (Mr. 12:29). Lo que este nombre, por tanto, declara es a un Dios, en que, por falta de una mejor palabra, invocamos a tres personas: un «Padre», que se produce eternamente a sí mismo en su «Hijo» y por su «Espíritu», y que, en su mismo ser, como también en sus obras, es una unidad en la pluralidad, una publicación o salida de sí mismo, y una comunión consigo mismo, todo lo cual nuestros sentidos caídos perciben como imposible. Veremos lo que implica este nombre a medida que penetramos más en él. Por el momento, sólo quiero hacer constar que es «el nombre», no «los nombres», de «el Padre, del Hijo, y del Espíritu Santo».

Esta verdad de una diversidad en la unidad de Dios no es nueva, y ha sido asumida —e incluso más o menos expresada— en los diversos nombres de Dios que fueron declarados bajo la antigua revelación. Vimos cómo en «Elohim», que dijo «Hagamos al hombre a nuestra imagen, conforme a nuestra semejanza» y «He aquí el hombre es como uno de nosotros» (Gn. 1:26; 3:22), había una cierta insinuación de pluralidad, en tanto que en el hecho de que este nombre, «Elhim», que es plural, se una a adjetivos y verbos en singular (y que el que se llama sí mismo «Elohim» diga con referencia a él «... no hay Dios fuera de mí» (Is. 45:5), tenemos una aserción más directa de su unidad. También en el contraste de «Elohim», que está en una relación de pacto que nunca falla, con «Jehová», que ama en virtud de la cualidad y debe juzgar el mal (y que, no obstante, hace justas a sus criaturas dándoles su propia justicia), hay una sugerencia de la inefable plenitud del amor, la sabiduría y el poder que son tan maravillosamente expresados en «el nombre del Padre, y el Hijo, y del Espíritu Santo». Idénticas sugerencias afloran cuando contrastamos los nombres «El Elyon» (el «Altísimo», de quien todos procedemos) con el «El Shaddai» (el «Derramador», que da su vida y espíritu a sus siervos). Y aún puedo decir más, pues la Sagrada Escritura no es el único testigo de lo que estamos afirmando. En nuestra misma naturaleza, que demuestra que la paternidad, la filialidad, y el espíritu de ambas, están en cada hombre, tenemos igualmente insinuaciones del misterio del ser de Padre, Hijo, y Espíritu Santo en Dios, a menos que podamos garantizar que la criatura pueda poseer y ser más que el Creador. Es cierto que en el hombre, en su estado de caído, la personalidad parece ser lo que drásticamente separa a un hombre de otro. Pero, incluso así, estamos los unos en los otros. Desde la caída misma, el misterio del amor responde a cada objeción que se ponga a la aparente dificultad de cómo dos pueden ser uno, e incluso uno en tres; pues el amor siempre conduce a dos a ser uno, y, por la mezcla de sus seres, forma un tercero, que ha estado en ambos y procede de ellos, y en quien, de otra forma, los dos son uno. Todavía conocemos con mayor certeza, pues lo afirman las Sagradas Escrituras, que la mujer y, por tanto, la descendencia que potencialmente se encontraba en ella, estaba en el hombre en cuanto a la imagen de Dios, hasta que Adán cayó en el profundo sueño que le hizo perder su forma primaria, lo cual dividió lo que hasta aquí había estado unido (Gn. 2:23). Este es el   gran misterio. Sin embargo, en él podemos ver cómo la unidad, pero también la pluralidad, de Dios se revela en el hombre, creado a su imagen. Este es uno de los muchos preludios que tanto la naturaleza como la Escritura nos dan de esa gran armonía que es perfectamente expresada en el nombre de «el Padre, y del Hijo, y del Espíritu Santo».

Apenas puedo ocuparme aquí de la Trinidad, sino que la haré notar sólo de paso, ya que esta doctrina (es decir, lo que Dios es como «Padre, Hijo y Espíritu Santo») con demasiada frecuencia ha sido reconocida, incluso por los creyentes, como una verdad aislada, separada del cora-

154

zón y la consciencia humanos y sin relación alguna con ellos; por el contrario, en tanto que el hombre fue hecho a la imagen de Dios, lo que Dios es en sí mismo es la base de nuestra relación con él, de nuestro propio ser, y del verdadero conocimiento de nosotros mismos y de nuestros deberes. Si Dios es amor, y el amor requiere (pues vivir en soledad no es amor) la comunión y relación que se expresa en «el nombre del Padre, del Hijo y del Espíritu Santo», entonces nuestra verdadera vida (si somos sus hijos) debe tener la misma característica, y ser una vida de comunión y relación. Por otra parte, los anhelos de comunión y relación que tiene nuestra naturaleza testifican de que en Él, en quien «vivimos, y nos movemos, y somos» (Hch. 17:28), debe estar la subsistencia de lo que nuestra vida, en sus relaciones y comuniones, es únicamente la sombra. Esto es lo que nuestro Señor revela cuando da a conocer a sus discípulos «el nombre del Padre, del Hijo y del Espíritu Santo». Y justo en la proporción en que realmente conozcamos que Dios es «Padre, Hijo, y Espíritu Santo», reflejaremos algo del compañerismo y el amor que el nombre en cuestión nos declare. El egoísmo y autosuficiencia del mundo es el resultado de no conocer lo que Dios verdaderamente es —del cual venimos y por quien hemos sido creados (Col. 1:16).

¿Qué, pues, declara este nombre? Dice que Dios es Padre, que, por tanto, debe haber un Hijo, y que el Padre y el Hijo son uno es un Espíritu. Así, el nombre habla de una vida que da a luz vida, de una vida que es manifestada, y de una vida en proceso de manifestarse, todo lo cual, no obstante, constituye una unidad. ¿Quién está capacitado para percibir todo esto? La vida es algo que por doquier escapa a nuestra comprensión. Sin embargo, nuestro Señor nos lo revela, y a medida que lo vemos lo reflejamos y somos transformados a su imagen.

Primero, Dios es «el Padre». En sí mismo, como Dios, hay la relación con uno, el cual es «con Dios», y también «es Dios», es nada menos que su Hijo unigénito» (cfr. Jn. 1:1, 14, 18). La paternidad no está confinada a las criaturas; más bien las criaturas pueden ser —y de hecho son— padres porque en la divina naturaleza hay tanto un Padre como un Hijo. Lo que esta relación expresa de un amor eterno entre el que engendra (el Padre) y el engendrado (el Hijo); lo que unión y comunión en el seno de quien es la fuente y el fundamento de todo ser dice en toda su anchura y profundidad trasciende todo lenguaje. Sin embargo, tenemos una sombra de ello en cada padre terrenal y en toda paternidad, incluso como se ve en este mundo, donde el pecado está todavía obrando. «Padre» nos habla de una fuente de vida; de uno en quien sus hijos han estado (Heb. 7:10), y por quien vinieron, y cuya imagen y semejanza son llamados a manifestar. «Padre» nos habla de relación en naturaleza y sangre, y de amor, el cual, porque es en virtud de la relación, debe ser inmutable, aun cuando el hijo venga a ser como el Pródigo, lo cual no importará al padre, pues lo recibirá y besará a pesar de sus andrajos (Lc. 15:12-24). «Padre» dice todavía mucho más. Habla de uno que guía a los niños y es indulgente con ellos, que los trae desde el vientre y los lleva desde la matriz (Is. 46:3, 4). «Padre» declara que quien lleva este nombre debe educar y dirigir (1ª Ts. 3;11, 12), y también corregir, porque «¿qué hijo es aquel a quien el padre no disciplina?» (Heb. 12:7). ¿Qué diré más ? «... el padre se compadece de los hijos» (Sal. 103:13). Un padre sabe de qué tiene necesidad un hijo (Lc. 12:30). «¿Qué padre de vosotros, si su hijo le pide pan, le dará una piedra?; ¿o si pescado... le dará una serpiente?» Lc. 11;11). ¿No trae gozo a los padres el atesorar para sus hijos? (2ª Co. 12:14). Aun cuando perezcan a causa de sus delitos, ¿no llorará el padre, como ocurrió con David?: ¡Quién me diera que muriera yo en en lugar de ti... hijo mío, hijo mío!» (2º S. 18:33). ¿Cómo, entonces, debe ser la relación en Dios, que es perfecto amor, entre el Padre y el Hijo? ¿Qué debe ser él como «el Padre», de quien toma nombre toda paternidad en los cielos y en la tierra? (Ef. 3;15). ¿Cómo y qué debe ser su amor por el amado Hijo? (Mt. 3:17; 17:5). ¿Cómo y qué debe ser su voluntad para con todos, los cuales son hechos hijos —en y por medio de— su Hijo, y han sido engendrados por —y vienen de— él?

La clase de voluntad que se declara especialmente en todos estos actos es a la que he me referido como característica de un padre. Ya sea el amor que engendra, o que protege a los niños, o que corrige justamente el mal, incluso el de los hijos, o que contesta su clamor, o que les da buenas cosas aunque no las hayan pedido, o que, por amarlos, los ama hasta el fin, cada acto de estos es la expresión de una Voluntad. «El Padre» es la Voluntad en el misterio de la bendita Trinidad. A medida que profundicemos en el nombre, veremos que contiene más que una Voluntad. Pero una Voluntad eterna es el fundamento, una Voluntad que ama y no puede sino amar, la cual se muestra en Aquel que salió del Padre para decirnos lo que el Padre es y revelarlo a sus criaturas.

El nombre, pues, no es solamente «Padre», sino «el Hijo», el cual, siendo el resplandor de la gloria y la fiel presentación de su ser real (Heb. 1:3 y Col, 1:15), revela al Padre y a su amor por medio de su obra en toda la creación: «Porque por él fueron creadas todas las cosas, las que hay en los cielos y las que hay en la tierra, las visibles y las invisibles» (Col. 1:16), para contar la gloria de Dios (Sal. 19:1). El Hijo, cuando a causa de la caída no podíamos ver amor alguno en tan maravillosas obras, salió del Padre y vino al mundo (Jn. 16:28) para declararnos el nombre y la naturaleza del Padre. Por tanto, como dice el apóstol, él es «el Verbo», el cual estaba con Dios, y... era Dios» (Jn. 1:1); «el unigénito Hijo, que está en el seno del Padre, él le ha dado a conocer» (Jn. 1:18); «la luz que resplandece en las tinieblas, aunque las tinieblas no la comprendieran: la verdadera luz que ilumina a todo hombre que viene al mundo» (cfr. Jn. 1:5, 9); el que dice «Anunciaré a mis hermanos tu nombre» (Heb. 2:12) y «... claramente os anunciaré acerca del Padre» (Jn. 16:25). Este es el que revela al Padre, y que, por ser «el Hijo», y, por tanto, estando en una relación personal con él, no sólo revela a Dios como «el Verbo», sino que, por su morar en nosotros, nos hace hijos juntamente con él; pues «a todos los que le recibieron, a los que creen en su nombre, le dio potestad de ser hechos hijos de Dios; los cuales no han sido engendrados de sangre, ni de voluntad de carne, ni de voluntad de varón, sino de Dios» (Jn. 1:12, 13). Así, en la maravillosa oración preservada por Juan, dice: «He manifestado tu nombre a los hombres que del mundo me diste... porque les he dado las palabras que me diste... Y les he dado a conocer tu nombre, y lo daré a conocer aún, para que el amor con que me has amado, esté en ellos, y yo en ellos» (Jn. 17:6, 8, 26).

¡Oh, qué revelación del Padre nos ha hecho el Hijo!

¡Qué Palabra ha sido, es, y será!, y qué voluntad en el Padre nos ha revelado. Seguro que los cielos y la tierra nos han dicho mucho, declarando su gloria y la obra de sus manos (Sal. 19:1). El amanecer, la lluvia, y las estaciones fructíferas, llenando los corazones de los hombres de sustento y alegría (Hch. 14:17), han dicho con voz cierta que Dios ama a todos y cuida de todos, viendo que él es el Dador (Hch. 17:24), aunque no lo conozcan. Pero el «Hijo» nos ha mostrado aún más, a saber: que la muerte y el dolor, que el pecado ha traído, serán vencidos, e incluso que ya han sido vencidos en aquellos que le recibieron, porque él, se ha humillado para salir a nuestro encuentro, y se puso bajo maldición e incluso se hizo pecado por nosotros (aunque no conoció pecado) para abolir la muerte y ser creador de una nueva creación donde el pecado y la muerte no existirán. Los Evangelios nos dicen todo acerca de cómo el Hijo nos ha revelado al Padre, pues sus obras son las obras de Dios. «... No puede el Hijo hacer nada por su cuenta, sino lo que ve hacer al Padre; porque todo lo que él hace, también lo hace igualmente el Hijo» (Jn. 5:19). ¿Hay leprosos separados de los hombres y gritando «inmundo, inmundo»? El Hijo revela la voluntad del Padre y los limpia (Mt. 8:3). ¿Hay paralíticos, terriblemente atormentados, que no pueden hacer obra alguna ni para Dios ni para el hombre? Él habla y el enfermo es sanado y restaurado en aquella misma hora (Mt. 8:6, 13). Hay otros, como la suegra de Pedro, en quien el pecado en forma de fiebre que los mantiene en ardiente desazón e inquietud? Él les toca la mano y la fiebre desaparece (Mt. 8:14, 15). ¿Hay otros que sufren todavía más, poseídos de los demonios que hablan por boca de los posesos, como si fueran ellos mismos, y que gritan

«Mi nombre es legión»? «El Hijo» puede expulsarlos (Mr. 5:2-15). No hay una forma de mal que él no pueda erradicar. Cojera física o espiritual, sordera, hidropesía (Mt. 11:5 y Lc. 14:2), un espíritu de enfermedad que agobia a las almas durante largos y penosos años (Lc. 13:11); incluso la muerte, cuando los muertos están en casa (Mr. 5;39, 40), o en la tumba, y aún en estado de corrupción (Jn. 11:38, 39), todo se rinde al «Hijo», que así revela al «Padre». Pero no lo revela menos por medio de sus terribles censuras y reproches a los que confían en ellos mismos y se creen justos, en tanto dan gracias a Dios por no ser como los otros hombres. Éstos son los que juzgan su estado de mayordomos de Dios, no por medio del amor (para ser así semejantes a su Señor), sino por sus privilegios; son los que aquí visten de púrpura y lino fino, que se creen del Reino, pero que no tienen piedad alguna de los necesitados, ni siquiera de los que están a sus puertas llenos de llagas y que son tratados peor que a los perros (Mt. 23;13, 29; Lc. 16:19; 18:9-11). ¿Quién ha hablado alguna vez como «el Hijo» para juzgar la hipocresía y la falsedad? ¿Quién ha desnudado a los engañadores a pesar de su extrema religiosidad? ¡Oh bendita pero tremenda la revelación del Padre por el Hijo! «.. El que me ha visto a mí, ha visto al Padre» (Jn. 14:9), porque el verbo fue hecho carne, y habitó entre nosotros, y nosotros vimos su gloria, gloria como del unigénito del Padre, lleno de gracia y de verdad (Jn. 1:14).

Pero «el nombre» revelado por el Señor resucitado, y en el cual somos bautizados, va todavía más lejos; pues no es solamente el nombre del «Padre» y del «Hijo», sino también del «Espíritu Santo». Ahora bien, esta palabra «Espíritu», traducida en otra parte «aliento» o «viento» (Job 33:4; Ez. 37:5, 6, 8, *etc.*); el cual puede venir algunas veces como un viento fuerte que rompe las montañas o como suave brisa que hace fluir a las aguas (1º R. 19:11 y Sal. 147:18); ora soplando en los huertos para que se desprendan sus aromas (Cnt. 4;16), ora sobre los enfermos y muertos para que vivan (Ez. 37:9); siempre libre como el aire que respiramos, envolviéndonos, e incluso penetrándonos, como el aliento de vida de todas las criaturas. Así es el «Espíritu Santo», el mismo aliento o espíritu del Dios vivo, el Obrero de la Voluntad del Padre. Así, en la creación, se movía sobre las aguas (Gn. 1:2); contendió con el viejo mundo, cuando la maldad de los hombres era grande sobre la tierra (Gn. 6:3); él fortaleció a jueces, profetas y reyes para que llevaran a cabo los propósitos de Dios en beneficio de su pueblo (Jue. 6:34; 14:6; 15:14; 1º S. 16:13; Ez. 3:12, 14; 11:1, 24) De este modo todavía cumple la voluntad de Dios en los hombres, ora convenciendo al mundo de pecado, ora tomando de las cosas de Cristo para mostrárselas a los discípulos (Jn. 16:8-14), dando a unos palabra de sabiduría; a otros, de conocimiento; a otros, dones de sanidad; a otros, diversas clases de lenguas; y todo siendo la obra del mismo Espíritu, repartiendo a cada uno en particular según su voluntad (1ª Co. 12:6, 11). Bajo este nombre, por tanto, obtenemos la revelación de una Voluntad y una Palabra o Verbo en Dios y, también, un poder, que es en verdad Omnipotente. Una revelación de todo, e incluso más que de todo lo que enseñó el nombre «El Shaddai», pues el nombre que ahora se enseña es «Espíritu Santo», que no solamente es poder, sino poder santo, el poder del amor que nunca falla, hasta que por el sacrificio de sí mismo ha hecho a otros participantes del mismo Espíritu. Semejante Espíritu, el

«Espíritu» del «Padre» y del «Hijo», eleva a los que lo reciben a una esfera donde las desigualdades de esta vida desaparecen en una «comunión» en la que «no hay judío ni griego; no hay esclavo ni libre» (Gá. 3:38), y en la que, inspirados por el propio Espíritu de santidad y amor de Dios, nosotros también podemos ministrar ese Espíritu y, como el Hijo de Dios, no ser únicamente «almas vivientes», sino «espíritus vivificantes» (1ª Co. 15:45) para revelar a ese Dios que el mundo no conoce.

Este nombre, «Padre, Hijo, y Espíritu Santo», es la corona de todos los demás y el testigo de que en Dios hay de sobras todo cuanto la criatura puede necesitar para salvarse, a saber: una Voluntad en el Padre; y un Poder en el «Espíritu Santo», que es Todopoderoso, para cumplir la Voluntad y la Palabra o Verbo de Dios hasta que por juicio todas las cosas sean hechas nuevas. En el nombre «el Padre» tenemos ese amor que igualmente precisamos para ser salvos de nuestro adversario; en el nombre de «el Espíritu Santo», la fuerza y el poder para conformarnos a la voluntad de Dios y capacitarnos para iluminar, consolar y confortar a los otros. Necesitamos el nombre en toda su plenitud, «Padre, Hijo, y Espíritu Santo». No podemos tomar una parte de él y negar el resto sin privar a Dios de su gloria y, a nosotros, de la gracia que él posee para nuestro bien. ¿No hemos visto cómo algunos que dicen que no puede haber un Hijo en Dios, en tanto profesan sostener a voz en grito su paternidad, niegan también que haya hecho el menor sacrificio por los hombres? Estos llaman a Dios amor, pero lo desproveen de lo que es el impulso más íntimo del amor, como es que uno de la vida para engendrar a otro o que sacrifiquemos lo que nos es más precioso por el otro. Por tanto, repito, la negación de la divinidad del hijo haría una criatura del Espíritu que él nos da, la cual, aunque ayudara, no podría nunca hacer de los hombres hijos de Dios o restaurarles su imagen desfigurada. Esta es la razón por la que la iglesia ha contenido tan anhelosamente por este nombre, «Padre, Hijo, y Espíritu Santo», viendo en él el fundamento de todas nuestras esperanzas y aspiraciones. Cuanto más se nos abre, más nos muestra de la plenitud de nuestro Dios. ¡Oh profundidad de las riquezas aquí reveladas! «He aquí, estas cosas son sólo los bordes de sus caminos; y cuán leve es el susurro que hemos oído de él» (Job 26:14).

Así es este nombre, que resume «lo que de Dios se conoce» (Ro. 1:19), revelado por Cristo mismo a aquellos que, habiéndolo conocido a él primeramente en la carne, han llegado, a su debido tiempo (y por haberle seguido hasta su cruz) a verle y conocerle en la resurrección también. Solamente almas como éstas pueden realmente entrar siempre en la plenitud que se nos manifiesta y abre aquí. Gracias a Dios que por ser él lo que es no depende de nuestro entendimiento de todo esto: Dios no cambia por el hecho de que no veamos su gloria. Pero el gozo y la fuerza de sus discípulos depende no poco de lo que saben de él, y de que hay un «Hijo» en Dios, que nos ha mostrado al «Padre» y nos ha dado su «Espíritu», para que nosotros también, como hijos de Dios, podamos anunciar sus virtudes (1ª P. 2:9). Para otros, el nombre trinitario no puede ser por ahora más o menos «oscuro por el exceso de luz», aunque, por ser revelado por el que es nuestro Señor, debe ser implicitamente creído, y sacramentalmente ministro del amor que encierra, y del gozo y la paz, para aquellos que, aunque bebés en Cristo, han sido bautizados en él. Esta realidad trinitaria de Dios es confesadamente un «misterio», una verdad que no puede ser explicada sólo con palabras, sino que debe crecer internamente por la comunicación de la misma vida y a través de la experiencia de una cierta disciplina.

Y, sin embargo, aunque es un misterio que es revelado solamente «por fe y para fe» (Ro. 1:17), los santos han indicado cuánto hay, tanto en la naturaleza como en el nombre, que refleja, aunque sea en imperfectas y divididas figuras, algo de la eterna e indivisible verdad que el «nombre del Padre, y del Hijo y del Espíritu Santo» nos declara. Las cosas temporales, por estar fraccionadas y divididas, no pueden revelar perfectamente lo que es eterno e indivisible; y, sin embargo, nos pueden dar sombras de lo verdadero (Heb. 8:5; 9:24; 10:1), lo cual, aunque imperfecto y dividido, puede ayudarnos a concebir cómo puede haber un Hijo coeterno con el Padre y a darnos su Espíritu, y, no obstante, habitar siempre en él, en la unidad del mismo Espíritu. Tomemos la figura, que la misma Escritura nos ofrece, de que Dios es un sol (Sal. 84:11), y de que «nuestro Dios es fuego consumidor» (Heb. 12:29). En el sol tenemos primeramente fuego, después luz, y luego calor. La luz, a diferencia del fuego y el calor, es producida y emitida por el fuego; y el calor, a diferencia del fuego y la luz, procede del fuego; sin embargo, los tres son sustancialmente uno y coexistenciales, como puede probarse. Pero ¿cuál de ellos produce los otros? ¿Viene la luz o la brillantez del fuego o el fuego de la brillantez? La luz o la brillantez proviene del fuego, y no al revés. El fuego produce la luz. «Así —dice Agustín— el fuego es el padre de la luz, y ambos coexistentes. Dadme un fuego sin brillantez y creeré que el Padre fue siempre sin el Hijo... Mostradme un fuego eterno y yo os mostraré una eterna luz» (*Serm* LXVII. párr. 11). Tomemos otra ilustración que se desprende directamente del título de nuestro Señor, el «Verbo», el cual, en el principio era con Dios y era Dios (Jn. 1:1). ¿no es cierto que incluso la palabra del hombre conlleva algún indicio de cómo una palabra puede estar en nosotros y, no obstante, salir para transmitir y revelar a otros lo que ha estado escondido en nuestros corazones? Digámoslo nuevamente con palabras de Agustín: «Mira que la palabra que te estoy hablando la he tenido en mi corazón. Va de mí a ti y, si la recibes, puede iluminarte y habitar contigo; sin embargo, a mí no me deja porque vaya contigo. Del mismo modo la Palabra puede salir del Padre y venir a nosotros sin que por ello se aparte de él ...Y todos y cada uno de vosotros podéis recibir la palabra sin división. Si fuera un pastel o pan lo que os diera, para que lo pudiérais tomar habría que dividirlo, y cada cual obtendría sólo una parte. Pero, tratándose de una palabra, ya sea mía o de Dios, ésta viene por entero a todos y cada uno de vosotros. Cada uno puede tener el todo, porque la Palabra de Dios es todo en todas partes» (*Serm*,. LXIX, párr. 7). Ya he aludido al constante argumento de este gran maestro de la Iglesia, según el cual si Dios es amor, debe haber en él un Amante, un Amado y un Espíritu de amor, pues no cabe hablar de amor sin un amante y un amado: «Ubi amor, ibi trinitas» (Agustín, *De Trinitate*, libros XIII, IX, X, *etc.*). Pero todavía más sorprendentes son las consideraciones que, como Agusin nos demuestra tan plenamente, sugiere la trinidad en el hombre, a saber: voluntad, razón y afecto, tres en uno (*De Trinitate* IX, X, XIII, XIV). Yo escribo, sin embargo, para aquellos que creen que «El Señor, nuestro Dios, es un solo Señor» porque Cristo lo dice, aunque no es menos cierto que él es «Padre, Hijo y Espíritu Santo». Si caminamos con él hasta que el cielo se nos abra y nuestros corazones estén verdaderamente unidos en amor, con toda seguridad vendremos a las riquezas del pleno conocimiento y reconocimiento del misterio de Dios, el del Padre, del Hijo y del Espíritu Santo.

No concluiré mis notas sobre este último nombre de Dios, en tanto revelado por el Cristo resucitado a sus discípulos (sobre quienes ha soplado y a quienes ha dicho «Recibid el Espíritu Santo»), sin hacer constar cómo este mismo nombre es enseñado de forma ligeramente distinta por Pablo a los «niños en Cristo», de los que dice: «Y yo, hermanos, no pude hablaros como a espirituales, sino como a carnales» (1ª Co. 3:1). Estos, a diferencia de su maestro, todavía conocían a Jesús únicamente en la carne (2ª Co. 6:16) y estaban aún llenos de celos y contiendas, enojos y rivalidades (1ª Co. 3;3; 2ª Co. 12:20). A estos discípulos «carnales», por tanto, es a los que el apóstol les declara el nombre trinitario: «La gracia del Señor Jesucristo, el amor de Dios, y la comunión del Espíritu Santo sea con todos vosotros. Amén» (2ª Co. 13:13). Nótese como el orden de las Personas en la Divinidad es aquí diferente del revelado por el Señor resucitado a los que conocían algo del poder de su resurrección. Esto tiene un propósito. Como en la antigua ley de los sacrificios u ofrendas, las ofrendas por el pecado y la transgresión, que es aquí el punto de vista sobre Cristo como el que cargó sobre sí el pecado, aunque las últimas en el orden institucional, eran, en el orden de uso y aplicación, invariablemente anteriores a las ofrendas de olor suave, que apuntan al Cristo en su impecable obediencia, rindiéndose voluntariamente a Dios en todo (Lv. 1-7 con Éx. 29, por ejemplo). Así en la revelación del nombre de Dios, las almas carnales e imperfectas deben primeramente conocer lo que es Dios y la maldición en que su gracia y amor se revela, y después podrán realmente recibir la verdad más alta de lo que es Dios en sí mismo y en su eterna generación. Por ello, el amor de Dios, y la comunión del Espíritu Santo sean con todos vosotros. Amén» (2ª Co. 13:13). Estamos tan familiarizados con estas palabras que podemos caer en el riesgo de pasar por alto todo lo que enseñan e implican en cuanto al estado de aquello a quienes fueron dirigidas por el apóstol.

Estas palabras describen una experiencia creciente. Como criaturas pecadoras, nuestro primer conocimiento de Dios es por medio de «la gracia de nuestro Señor Jesucristo». Las almas despertadas siempre comienzan por aquí. Sentimos que somos pecadores; que somos leprosos, paralíticos, cojos, ciegos o que nos consume la fiebre. Necesitamos ayuda y liberación. ¿Cómo conseguirlas? Todavía no conocemos a Dios. Hasta que hemos probado «la gracia de nuestro Señor Jesucristo», Dios es prácticamente un extraño para nosotros. Así, de una forma o de otra, como criaturas pobres y perdidas, con más o menos conocimiento de nuestra necesidad, venimos o somos traídos a Cristo, o él viene a nosotros, y encontramos que su gracia es suficiente para nosotros. Obsérvese que es con «la gracia de nuestro Señor Jesucristo» con lo que aquí comienza la bendición. El apóstol no dice «La gracia del Hijo de Dios», aunque, por supuesto, Jesucristo es el Hijo de Dios. El profundo misterio de la divina filiación podría ser demasiado para las almas carnales. Además, cuando primeramente venimos o somos traídos a Cristo, pensamos de él que es un «Señor» para salvarnos o juzgarnos, más que de su eterna relación con el Padre. En esta etapa lo que principalmente necesitamos es conocer «la gracia de nuestro Señor Jesucristo», el cual, aun siendo rico, se hizo pobre por amor a nosotros (2ª Co. 8:9). En tanto lo vemos a la carne, aprendemos a ver «las sobreabundantes riquezas de su gracia» (Ef. 2:7), y cómo dicha gracia puede salvar almas sea cual sea la condición de su pensamiento o voluntad, y al margen de cualquier forma de plaga y de mal. Esta gracia limpia al leproso que creyó en su poder —pero difícilmente en su voluntad— para salvar; es el que dice: «Señor, si quieres puedes limpiarme» (Mt. 8:2). Ésta es la gracia que expulsa los demonios del poseso, cuyo padre creía en la voluntad de Cristo, pero dudaba de su poder, cuando decía: «...Pero si tú puedes hacer algo, muévete a compasión sobre nosotros y ayúdanos» (Mr. 9:22). Sana al paralítico, a causa de la fe de los que lo llevaban (Mt. 9:2). Resucita los muertos, sin fe alguna, ni por parte de ellos ni por la de los que la pudieran haber tenido para beneficio de esos muertos (Lc. 7:13). Libera a otro endemoniado, incluso en contra de su petición de que no lo atormentara (Mr. 5:7). Sanó la oreja de uno que había venido tan sólo a prender al Señor (Lc. 22:51). Rogó incluso por aquellos que mataban la vida que había mostrado la gracia para todos (Lc. 23:34).

En estos casos y en incontables más «donde el pecado abundó, sobreabundó la gracia» (Ro. 5:20). Y esta «gracia de nuestro Señor Jesucristo» es todavía la misma. Bienaventurados los que la conocen, pues conocen al menos a una Persona de la bendita Trinidad. Pero aunque le conocieran imperfectamente, y a penas sabiendo que es el «Hijo de Dios», como el antiguo ciego pueden decir: «...una cosa sé, que yo era ciego, ahora veo» (Jn. 9:25), «Porque de su plenitud hemos recibido, y gracia sobre gracia» (Jn. 1:16).

Mas aquellos que han obtenido así un gran conocimiento pronto avanzan. Jesús es «el camino» a Dios (Jn. 14:6). Por tanto, las almas que han conocido «la gracia de nuestro Señor Jesucristo», rápidamente conocen el amor de Dios. Este amor es, por supuesto, el «del Padre», pues Cristo es testigo y testimonio de que «de tal manera amó Dios al mundo, que ha dado a su Hijo unigénito, para que todo aquel que cree en él, no perezca, sino que tenga vida eterna» (Jn. 3:16). Esto es, pues, visto como el amor de Dios. Dios, por tanto, «muestra su amor para con nosotros, en que siendo aun pecadores, Cristo murió por nosotros» (Ro. 5:8). «En esto hemos conocido el amor de Dios» (1ª Jn. 3:16). Así llegamos a conocer otra Persona de la bendita Trinidad, Dios, y a amarlo porque él nos amó primero. Todavía hay mucho más que hemos de aprender; pero cuando por la gracia tenemos «paz para con Dios», porque «el amor de Dios es derramado en nuestros corazones» por medio de Jesucristo, nuestro Señor (Ro. 5:1,5), «Si Dios está por nosotros, ¿quién contra nosotros? El que no eximió ni a su propio Hijo, sino que lo entregó por todos nosotros, ¿cómo no nos dará también con él todas las cosas?» (Ro. 8:31, 32). Y, así, tocante al amor, el apóstol concluye: «Porque estoy persuadido de que ni la muerte, ni la vida, ni ángeles, ni principados, ni potestades, ni lo presente, ni lo porvenir, ni lo alto, ni lo profundo, ni ninguna otra cosa creada nos podrá separar del amor de Dios, que es en Cristo Jesús nuestro Señor» (Ro. 8:38, 39).

Todavía hay más por conocer. Habiendo así aprendido del amor de Dios, pasamos ahora a la «comunión del Espíritu Santo». Saber que el propio Espíritu de Dios ha venido a nosotros, para morar en nosotros, no podemos negar que la morada para él debe estar llena de asquerosidad y corrupción; pero no se queda fuera ni se aleja, sino que se interna en los corazones manchados por el pecado, hasta cambiar o transformar el cuerpo de nuestra humillación, conformándolo al cuerpo de la gloria de Cristo (Fil. 3:21), y probando por medio de semejante amor que él es el Espíritu Santo. Es así que somos llamados a una «comunión» que llega hasta la del Espíritu Santo. Esto significa tener siempre a Uno que comparte sus riquezas con nosotros y nos hace partícipes de su Espíritu (1ª Co. 12:13), al mismo tiempo que lleva nuestras cargas y alivia nuestras enfermedades intercediendo por nosotros (Ro. 8:26). Lo que esta comunión del Espíritu Santo» hizo por los santos de la antigüedad queda testificada por sus obras. Los hombres no sólo eran conscientes de que un día el cielo sería su casa, sino también de que incluso aquí este cielo ya les era ofrecido y abierto (Lc. 3:21; Jn. 1:51; Hch. 10:11). Ellos no necesitan apelar a magos ni agoreros o consultores de los muertos, como hacen los paganos, para buscar la comunión con lo invisible (Dt. 18:9-12; Is. 8:19), pues el hombre no está naturalmente preparado para esto, y si lo busca con terquedad, solamente puede dañarle. La «comunión del Espíritu Santo» dio al hombre algo mucho mejor a través de la gracia del Señor Jesús y del amor de Dios, a saber: comunión con el Padre y con el Hijo (1ª Jn. 1:3), lo cual prácticamente silenció y tragó (como la vara de Aarón hizo con las de los magos egipcios, Éx. 7:12) todos los métodos inferiores de comunión con el llamado mundo invisible. Tal «comunión» era considerada más alta, poderosa y verdadera que todos los milagros o las maravillas de la magia del viejo mundo, pues testificaba de que los hombres eran herederos de Dios y coherederos con Cristo. Fue esta comunión la que trajo a los hombres «al monte de Sión, a la ciudad del Dios vivo, la Jerusalén celestial, a la asamblea festiva de miríadas de ángeles... a la congregación de los primogénitos que están inscritos en los cielos, a Dios el Juez de todos, a los espíritus de los justos hechos perfectos, a Jesús el Mediador del nuevo pacto, y a la sangre rociada que habla mejor que la de Abel» (Heb. 12:22-24). En esta «comunión», se enseñaba a los hombres (hasta donde podían sobrellevarlo) lo que Dios ha preparado para los que le aman: «Cosas que el ojo no vio, ni el oído oyó... Pero Dios nos la reveló a nosotros por medio del Espíritu» (1ª Co. 2:9, 10). Bendito sea Dios porque el mismo Espíritu todavía permanece para guiarnos a toda verdad, tomando de las cosas de Cristo y de Dios y mostrándonoslas (Jn. 16:13, 15).

Así, en diferentes medidas y formas es el último gran nombre de Dios, el nombre de «el Padre, del Hijo y del Espíritu Santo», revelado y abierto a los creyentes. Algunos lo perciben como develando vitales relaciones en Dios; otros, como saliendo al paso de la necesidad de Sus criaturas caídas. Sea como sea la forma en que es recibido, da paz. En todo tiempo ha sido verdad que en él confiarán los que conocen su nombre (Sal. 9:10). Mucho más debemos nosotros confiar y descansar en él en todo tipo de trance, por cuanto se nos ha revelado como «nuestro Padre» por medio de su amado Hijo. ¿No diremos «Padre nuestro que estás en los cielos, santificado sea tu nombre... Hágase tu voluntad, como en el cielo, así también en la tierra» (Mt. 6:9, 10)? ¿No le bendeciremos porque todas las naciones que él hizo vendrán y le adorarán (Sal. 86:9)? ¿No diremos, incluso en medio del conflicto, «Bendito su nombre glorioso para siempre... toda la tierra sea llena de su gloria. Amén y amén» (Sal. 72:19)?

9

Participantes de la naturaleza divina

¿Qué es el evangelio? ¿Qué son las «nuevas de gran gozo» que han de ser proclamadas a todos como la substancia o el resultado de la venida de Cristo? Pueden darse varias respuestas, las cuales, aunque difieren algo en la forma, son todas ciertas. Algunos tal vez dirán: «...Cristo Jesús vino al mundo para salvar a los pecadores» (1ª Ti. 1:15); otros: «... por medio de él se os anuncia perdón de pecados, y que de todo aquello de que por la ley de Moisés no pudísteis ser justificados, en él es justificado todo aquel que cree» (Hch. 13:38, 39); y otros, utilizando las palabras de nuestro Señor, dirían: «Porque de tal manera amó Dios al mundo, que ha dado a su Hijo unigénito, para que todo aquel que en él cree, no perezca, sino que tenga vida eterna» (Jn. 3;16). Estas palabras son por cierto el Evangelio, e implícitamente contienen todas las «buenas nuevas» que Dios (habiendo ya hablado muchas veces y de muchas maneras en otro tiempo a los padres por los profetas) nos ha hablado en estos últimos días en el Hijo. ¿Pero es éste el Evangelio según lo presentan los cuatro evangelistas, al menos como los hombres generalmente lo entienden? ¿Cuál es la sustancia de lo que correctamente llamamos los Cuatro Evangelios? ¿No es así que, por la venida del Verbo eterno, un nuevo Hombre ha surgido de nuestra naturaleza dividida, el cual es verdadero Hijo de Dios e Hijo del Hombre, testigo de que el abismo abierto por el pecado ha sido cubierto, y que Dios ha venido a morar en el hombre para que el hombre pueda hacer las obras de Dios y morar en él? ¿No es este el hecho revelado en Cristo? Pero ¿se hizo hombre el Unigénito del Padre para vivir en solitario como el Hijo de Dios? ¿No fue más bien que él debía ser el primogénito entre muchos hermanos, los cuales habrían de ser hechos hijos de Dios por medio de él, hacer sus obras y manifestar y ministrar el mismo Espíritu. Estas son las buenas nuevas que hacen felices a los ángeles, incluso aunque los hombres las hayan percibido hasta ahora sólo oscuramente. Somos llamados con este llamamiento para que cristo sea formado en nosotros (Gá. 4:19; Col. 1:27), y así llegar a ser «participantes de la naturaleza divina» (1ª P. 1:4). En él y por él somos ahora los hijos de Dios. Todavía no se ha hecho manifiesto lo que seremos, pero sabemos que, cuando él aparezca seremos como él, e incluso ahora «como él es, así somos nosotros en este mundo» (1ª Jn. 4:17).

Por tanto, como conclusión de nuestras meditaciones sobre los nombres de Dios, que revelaron antiguamente a los hombres los distintos matices de la plenitud de Dios hasta donde los podían sobrellevar, prestemos atención a la forma en que dicha plenitud ha sido declarada y considerada en Cristo y a cómo debe ser manifestada en sus miembros vivos, en tanto crecen en él para llevar su imagen.

Primeramente, en Cristo. Cada virtud y forma de relación en Dios, revelada fragmentariamente en los nombres que la Sagrada Escritura nos da, se manifiesta perfectamente en la vida y muerte del Unigénito del Padre, de cuya plenitud hemos recibido y gracia sobre gracia (Jn. 1:16). Consideremos los nombres en orden. Una simple ojeada nos demostrará que «Cristo es todo, y en todos» (Col. 3:11).

«Elohim» es el primero. Esta palabra nos habla de Uno cuyo nombre y cuyas formas de hacer declaran una relación de pacto y, por tanto, cuyo amor no puede jamás cambiar, porque ama en virtud y sobre las bases de una relación. ¿No es este nombre declarado en Cristo? ¿Acaso nos ama Cristo porque seamos dignos de amor o es más bien porque, como «Elohim», a pesar de nuestros fallos, nos ama con un amor que no abandona en virtud de una relación que nuestra condición no cambia? La vida de Cristo testifica de una mundo perdido y desvalido. Todos los hombres se habían descarriado. Judíos y gentiles estaban todos bajo pecado. Pero todos eran suyos, pues «por él fueron creadas todas las cosas» (Col. 1:16) y, como «fiel Creador» (1ª P. 4:19) no puede nunca dejarlas ni abandonarlas. «Todo lo que tiene el Padre es mío», dice él mismo (Jn. 16:15). Ciertamentene, algunos hombres son suyos por unos lazos especiales, como aquellos que el Padre le ha dado «como primicias de sus criaturas» (Stg. 1:18; Ap. 14:4), para ser «miembros de su cuerpo, de su carne y de sus huesos» (Ef. 5:30). Estos son sus «escogidos» (Ap. 17:14), a quienes llama sus ovejas, las cuales oyen su voz y le siguen (Jn. 10:27). Y por amarlos, los ama hasta el fin. Pero él tiene también otras ovejas que no son de este redil; aquellas también debe traerlas, y oirán su voz, y habrá un solo rebaño y un solo pastor (Jn. 10:16). Pues son de él, no solamente por creación, sino compradas con su preciosa sangre (1ª Ti. 2:6; 1ª P. 1:19); y la sangre del pacto eterno es la testigo de que el hombre es amado con un amor que no cambia, a pesar de que por un tiempo el hombre caído lo hubiera perdido de vista. Por tanto, Cristo ha venido, y, desde su venida, ha estado demostrando cómo ama, trayendo luz de las tinieblas y orden del desorden. En realidad, él nunca dejará de trabajar hasta que, como en el caso del hombre recién creado, la imagen de Dios sea manifiesta otra vez en su criatura, y todo sea hecho nuevo (Ap. 21:5).

Así vemos que Cristo efectivamente revela a «Elohim». Pero no revela a «Jehová» en menor medida, el cual ama en virtud de la cualidad y, «de ningún modo tendrá por inocente al malvado» (Éx. 34:7). El profeta que previó que «Jehová» librará al menesteroso que clame, y al afligido que no tenga quien le socorre» (Sal. 72:12), no omite que ha «amado la justicia y aborrecido la maldad» (Sal. 45:7) y que «juzgará al mundo con justicia, y a los pueblos con su verdad» (Sal. 96:13). Algunos de sus elegidos pueden pensar que, por el hecho de serlo, «Jehová» no los juzgará. Pero, precisamente porque él es la verdad, debe juzgar todo lo que esté mal, especialmente en aquellos que le conocen de cerca, pues bien dice: «A vosotros solamente he conocido de todas las familias de la tierra; por tanto, os castigaré por todas vuestras maldades» (Am. 3:2). Él es en verdad amor perfecto para los que demuestran por confesión que, aunque arruinados, son veraces; pero su justicia será rígida e inflexible con aquellos que encubren su pecado en una capa de religiosidad. ¿Necesito poner ejemplos de sus palabras a fariseos y escribas (Mt. 23:13-33), y todavía a las iglesias, a las que dice: «... daré a cada uno según vuestras obras» (Ap. 2:23)? Él es para todos el testigo fiel y verdadero, cuyos ojos son como llamas de fuego y de cuya boca sale una espada de doble filo para herir y afligir a las naciones (Ap. 2:11, 12, 18; 3:14; 19:15). Y sin embargo, a pesar de todo, el pecado de su pueblo y el merecido castigo le entristecen y apenan. Como «Jehová», él sufre y se aflige por ellos. Una y otra vez suspira y gime (Mr. 7:34 y 8:12), y llora sobre Jerusalén, diciendo: «¡Si también tú conocieras, y de cierto en este tu día, lo que es para tu paz»! (Lc. 19:42), o «¡Cuántas veces quise juntar a tus hijos... y no quisiste!» (Mt. 23:37). Todavía sufría más cuando «llevó él mismo nuestros pecados en su cuerpo sobre el madero» (1ª P. 2:24), haciendo así expiación por los pecadores, dándose para ser su justicia. En todos estos actos, Cristo revela a «Jehová», el cual, si hay mal, debe juzgarlo y extirparlo —aunque él mismo se duela y sufra por sus juicios.

El Señor también revela a «El Shaddai» con igual plenitud, al Todopoderoso «Derramador», el cual, por la comunicación de su Espíritu, hace fructíferos a sus siervos cuando los mueve a que se juzguen ellos mismos. Éste fue el nombre que Abram aprendió cuando tenía noventa y nueve años (crf. Gn. 17:1), cuando, habiendo fracasado en sus intentos de conseguir la descendencia prometida por su propios medios y fuerzas, «El Shaddai» apareció y, por la comunicación de su propio aliento, le cambió de Abram en Abraham y, por medio de la circuncisión (esto es, el juicio de su carne) le dio la descendencia prometida y la seguridad de una mayor fructuosidad. Pero Cristo cumple esto también. Así es cuando dice: «El que come mi carne y bebe mi sangre, permanece en mí y yo en él» (Jn. 6:56). Si permanece mos en él como el pámpano en la vida, llevaremos mucho fruto (cfr. Jn. 15:2, 5, 16). Todavía más: él nos da de sus propios poderes cuando, tras haberlo conocido durante un tiempo sólo en la carne (como los discípulos el día antes de Pentecostés), tengamos trsiteza por un poco tiempo (Jn. 16:19-23), para conocerlo en el Espíritu (2ª Co. 5:16 y Ro. 1:3-5) cuando el derrama su Espíritu (Hch. 2:17-33), y seamos revestidos del poder de lo alto (Lc. 24:49) para testificar de él (Hch. 1:8), hacer sus obras y ministrar su Espíritu. Entonces, así como él se ofreció a Dios por el eterno Espíritu, derramando su sangre para que vivamos por él, así los que beben del mismo Espíritu están dispuestos a derramarse hasta la muerte para bendición y fortalecimiento de los otros (He. 9:14). Todo esto es lo que Cristo nos da como participantes de su carne y de su sangre. Pero estos preciosos dones implican el autojuicio o el juicio de Dios. El que lo recibe indignamente «come y bebe su propio juicio» (1ª Co. 11:29). Por tanto, él nos llama a que nos juzguemos para no ser juzgados por el Señor. Y ¿qué es esto sino la revelación de «El Shaddai», que dice «anda delante de mí y sé perfecto. Y pondré mi pacto entre yo y tú, y te multiplicaré en gran manera... y estará mi pacto en vuestra carne por pacto perpetuo» (Gn. 17:1, 2, 13)?

¿Y no revela igualmente nuestro Señor a «El Elyon» o «Altísimo», el cual tiene un sacerdocio según el orden de Melquisedec que no sólo lo vincula a los elegidos sino a todos los hombres? ¿No fue éste el mensaje del ángel con motivo de su nacimiento, cuando dice «os traigo noticias de gran gozo, que lo será para todo el pueblo» (Lc. 2:10)? ¿No fue ésta la visión que tanto alegró al viejo Simeón cuando dijo: «Ahora, Soberano Señor, puedes dejar que tu siervo se vaya... porque han visto mis ojos tu salvación, la cual has preparado a la vista de todos los pueblos; luz para revelación a los gentiles, y para gloria de tu pueblo Israel» (Lc. 2:29-32)? Cristo, como revelador de Dios, satisface y llena muchas relaciones, pero ninguna tan grande como la de que él es hombre y, como tal, no está relacionado únicamente con los elegidos sino con todos los hombres. Ciertamente Dios está relacionado con todos los hombres, pues Adán fue hijo de Dios. Por tanto, el Evangelio, que especialmente revela a nuestro Señor como Hijo del Hombre traza, evidentemente a propósito, su descendencia de Dios a través de Adán (Lc. 3:22, 38). El hombre es hijo de Dios aunque él no lo sepa, y en Cristo y por medio de él hereda un sacerdocio, el cual, como el de Melquisedec, no descansa en la ley sino en la relación. Nuestro Señor revela todavía más al «Altísimo», «Poseedor de cielos y tierra», en el hecho de que, habiéndose humillado, Dios lo exaltó grandemente y lo hizo «soberano de los reyes de la tierra» (Ap. 1:5), rey y sacerdote, «cabeza de todo varón» (1ª Co. 11:3). Todas las cosas han sido sometidas bajo sus pies y, sin embargo, no se avergüenza de llamar a los hombres, porque el que santifica y los santificados son todos uno (He. 2:8-11). ¿Qué es todo esto sino la revelación del «Altísimo», el cual ha reconocido al hombre como el que participa de su naturaleza, diciendo «Israel es mi hijo, mi primogénito» (Éx. 4:22), y «Vosotros sois dioses, y todos hijos del Altísimo»?

Así, pues, nuestro Señor revela a «Elohim», «Jehová», al «Todopoderoso» y al «Altísimo». ¿Necesito demostrar cómo revela igualmente a «Adonai», «Amo y Esposo», y al «Dios de los siglos» y al «Señor de los ejércitos»? ¿No es nuestro uso universal del título «Señor», en cuanto aplicado a Cristo, el testigo de cuán profundamente la realidad de su señorío ha penetrado el corazón de los hombres? Para nosotros él es ciertamente «Adonai», nuestro «Señor». Le llamamos maestro, porque en verdad lo es (Jn. 13:13).

Somos suyos y a él servimos (Hch. 27:23). El reparte talentos, de los cuales hay que rendir cuentas, pues cada don conlleva una responsabilidad especial. Pero él es más que «Amo»: también es «Esposo». Las bodas del Cordero vienen, y su esposa se preparará (Ap. 19:7); pero, incluso ahora, somos desposados con Cristo (2ª Co. 11:3). Por tanto, Cristo revela efectivamente a «Adonai». Pero esto no es menos cierto de «El Olam», el Dios que obra a través de los siglos. Cristo testifica de cómo obra Dios y de que da progresivamente su palabra a los hombres, de acuerdo a como la pueden sobrellevar. Él tiene muchas cosas que decir, las cuales sus discípulos todavía no pueden entender porque aún son carnales (Jn. 16:12). Por tanto, tuvo que venir en la carne y en forma de hombre, y hablar en parábolas y con señales, hasta que los hombres puedan conocerlo en el Espíritu. Por ello acepta la circuncisión, el culto del templo, y el bautismo de Juan como pasos previos a la apertura de los cielos, la transfiguración y la resurrección, demostrando así que «Todo tiene su tiempo, y todo lo que se hace debajo del cielo tiene su hora» (Ec. 3:1), y que Dios en Cristo es todavía «El Olam», y no es menos «Señor de los ejércitos», incluso de ángeles, que le sirven de principio a fin; pues, como el apóstol dice, cuando Dios introduce al primogénito en el mundo, dice: «Adórenle todos los ángeles de Dios» (He. 1:6).

Todo esto en general se ve. Como cristianos, todos confesamos que el Hijo es la imagen del Dios invisible y que el Unigénito del Padre le ha revelado. Lo que se ve con menos claridad es que los miembros de Cristo deben revelarlo igualmente, como su Señor y cabeza, en todas sus virtudes y formas de relacionarse. Notemos lo que la Escritura nos muestra de los santos, para que entendamos mejor lo que significa ser «imitadores de Dios como hijos amados» (Ef. 5;1). Primeramente, ¿no deben los miembros de Cristo, como su cabeza, revelar a «Elohim»? ¿No hemos de amar a todos y trabajar por todos, al margen de lo arruinados que puedan estar, no en virtud de sus merecimientos, sino porque están relacionados con nosotros como criaturas de Dios? ¿No nos enseña la naturaleza (1ª Co. 11:14) a amar a los nuestros aunque estén deformados, o sean cojos o ciegos, e incluso a amarlos más a causa de sus enfermedades? Mucho más los escogidos de Dios están puestos en el mundo para amar como ellos han sido amados y a perdonar como ellos han sido perdonados. Por tanto, vemos al apóstol, bendiciendo aunque ultrajado, exhortando aunque difamado, laborar hasta el fin por el perdido, y diciendo: «Y yo con el mayor placer gastaré lo mío, y aun yo mismo me desgastaré del todo por amor de vuestras almas, aunque amándoos más, sea amado menos» (2ª Co. 12:15). Como Cristo se ha fatigado por él, él se fatiga por los otros en la fe de que por una voluntad amante y una palabra verdadera todas las cosas pueden ser hechas nuevas (Ap. 21:5). Pero todo esto es la revelación de «Elohim», el cual trabajaba infatigablemente con un mundo arruinado hasta que, en lugar de oscuridad y confusión, todo fue muy bueno.

Asimismo deben los santos revelar a «Jehová», el que ama la justicia. Miremos a los apóstoles Pedro y Pablo: «... y abundante gracia había sobre todos ellos. Así que no había entre ellos ningún necesitado; porque todos los que poseían heredades o casa, las vendían, y traían el precio de lo vendido... y se repartía a cada uno según su necesidad» (Hch. 4:33-35). Pero había dos que, pretendiendo aparecer ante los demás como si lo hubieran dado todo, se quedaron con una parte y así, mintieron al Espíritu Santo. Pedro juzga en el acto la falsía, diciendo: «... ¿Por qué llenó Satanás tu corazón para que mintieses al Espíritu Santo...? No has mentido a los hombres, sino a Dios» (Hch. 5:3, 4). Y Ananías y su mujer, al oír estas palabras, cayeron y expiraron (Hch. 5:5, 10). Similarmente, Pablo, habiendo llegado a Pafos, donde un cierto mago y falso profeta se le oponía para apartar de la fe al procónsul, lleno del Espíritu Santo, dijo: «¡Oh lleno de todo engaño y de toda maldad, hijo del diablo, enemigo de toda justicia! ¿No cesarás de trastornar los caminos rectos del Señor? Ahora, pues, he aquí que la mano del Señor está contra ti, y quedarás ciego, y no verás el sol por algún tiempo. E inmediatamente cayeron sobre él oscuridad y tinieblas» (Hch. 13:10, 11). De nuevo en Corinto, mientras que, como hemos visto, el apóstol está dominado por un amor infatigable (hasta el punto de que no le importa ser considerado la escoria del mundo con tal de servir a sus hermanos (cfr. 1ª Co. 4:13), no es menos cierto que la también infatigable justicia del Señor está presente en la entrega del fornicador a Satán «para la destrucción de la carne, a fin de que el espíritu sea salvo en el día del Señor Jesús» (1ª Co. 5:5). Esto es siempre así en el curso de su carrera. Él ama, pero también es justo, como las siguientes palabras demuestran: «¿Iré a vosotros con vara, o con amor y espíritu de mansedumbre?» (1ª Co. 4:21). «Quitad, pues, a ese perverso de entre

182

vosotros» (1ª Co. 5:13). «... ¿qué asociación tiene la justicia con la injusticia? ¿Y qué comunión la luz con las tinieblas? ... Salid de en medio de ellos, y apartaos, dice el Señor» (2ª Co. 6:14-17). En estas y en otras palabras similares del apóstol vemos a «Jehová», el cual en ningún sentido se despreocupará del culpable.

Y, sin embargo, como el mismo «Jehová», el corazón de Pablo es entristecido por el pecado de los mismos que reprende. Así dice: «Porque por la mucha tribulación y angustia del corazón os escribí con muchas lágrimas, no para que fueseis contristados, sino para que conociéseis el amor tan grande que os tengo» (2ª Co. 2:4). Igualmente, cuando se despide de los ancianos de Éfeso, se refiere a sus muchas lágrimas y al servicio entre ellos de noche y de día con lágrimas (Hch. 20:19, 31). Pues el siervo fiel, como ocurre con su Señor, aunque debe juzgar toda desobediencia sufre con los juzgados. «¿Quién no enferma, y yo no enfermo? ¿A quién se le hace tropezar y yo no me indigno?» (2ª Co. 11:29).

Tampoco «El Shaddai», el «Vertedor» o «Derramador», es menos visto en los verdaderos santos de Dios, quienes, estando enriquecidos en todo para toda liberalidad (2ª Co. 9:11), vierten o derraman en los otros lo que han recibido del Todopoderoso Dador. Esta visión de los elegidos de Dios sale a nuestro encuentro en cada vuelta a lo largo del Nuevo testamento. «Os di a beber leche —dice Pablo— y no alimento sólido; porque aún no erais capaces, ni sois capaces todavía» (1ª Co. 3:2). «... sino que fuimos amables entre vosotros, como la nodriza que cuida con ternura a sus propios hijos. Tan grande es nuestro afecto por vosotros, que hubiéramos querido entregaros no sólo el evangelio de Dios, sino también nuestras propias vidas; porque habéis llegado a sernos muy queridos» (1ª Ts. 2: 7, 8). Los apóstoles, por estar llenos del Espíritu Santo, lo ministraban entre aquellos que por medio del auto-juicio estaban preparados para recibir lo que el «Todopoderoso» todavía da a los que andan delante de él. Así, unas veces por la imposición de manos (Hch. 8:17); otras, por la predicación (Hch. 10:44) y, otras, por la oración (Hch. 1:14 y 2:2-4), eran los canales por los que la plenitud de Dios era derramada, para lo que habían sido preparados por la experiencia de su propia impotencia y su desamparo. La «manifestación del Espíritu» les había sido dada y ellos suministraban el Espíritu (Gá. 3:5) para que la iglesia fuera edificada por los frutos del Espíritu de Dios y no por las obras de la carne. Esto es todavía una realidad. Desde ahora y hasta el fin, los verdaderos elegidos deben ser «derramadores» o «vertederos» y suministradores del Espíritu, aunque ahora, como en la antigüedad, sólo a los vacíos se les puede llenar mientras que a los (que creen ricos) se les echa fuera vacíos.

El próximo nombre, «Altísimo», como era de esperar de su especial conexión con los no elegidos, ha sido menos aprehendido por la iglesia y por los creyentes en general que los otros nombres de Dios, los cuales, por haber sido revelados en la Escritura con anterioridad, incluso ahora son recibidos y aprendidos con mayor facilidad por el pueblo de Dios. Pero en cada época ha habido santos que han conocido este nombre y que, como Abram, han testificado de que el «Altísimo» es ciertamente el Amo y Señor de cielos y tierra. Éste era muy especialmente el llamamiento del apóstol Pablo, a quien le «había sido confiado el evangelio de la incircuncisión» (Gá. 2:7), y el que, aunque rechazado a causa de ello, testificaba a sus hermanos (Hch, 22:21, 22) de que Dios tenía un propósito que iba más allá del pueblo escogido, y que en la descendencia de Abraham todas las naciones serían benditas. Esto refleja que el apóstol había aprendido que había un sacerdocio del orden de Melquisedec, diferente del elegido y más grande. Por ello dice: «Me debo a griegos y a no griegos, a sabios y a no sabios» (Ro. 1:14), pues «no hay diferencia entre judío y griego, pues uno mismo es el Señor de todos, que es rico para con todos los que le invocan; porque todo aquel que invocare el nombre del Señor, será salvo» (Ro. 10:12, 13). Por tanto, cuando se dirige a los paganos atenienses, puede hacerlo con palabras de uno de sus poetas y decirles que eran linajes de Dios (Hch. 17:29), por cuanto «de una misma sangre ha hecho toda nación de los hombres, para que habiten sobre toda la faz de la tierra;... para que busquen a Dios,... (el cual) ciertamente no está lejos» (Hch. 17:26-28). Incluso el apóstol de la incircuncisión aprendió esta verdad: «...pero a mí me ha mostrado Dios —dice a Cornelio— que a ningún hombre llame común o inmundo» (Hch. 10:28). Desde entonces hasta ahora han habido creyentes que han aprendido lo mismo y que, aunque juzgados, como Pablo lo era a causa de su evangelio, pueden no obstante, igual que él, hacer «acciones de gracias por todos los hombres» (1ª Ti. 2:1), en la fe de que cielo y tierra es de Dios y de que «de él, y por él, y para él, son todas las cosas» (Rom. 11:36).

Sólo necesito echar un vistazo a los tres nombres de Dios restantes para demostrar cómo los elegidos los revelan a medida que crecen en Cristo, y cómo los revelarán todavía más en el reino venidero. Revelan «Adonai», «Señor», porque, aún cuando los ancianos de la iglesia, que pastorean la grey de Dios, no deben tener señorío sobre los que están a su cuidado (1ª P. 5:1-3), no obstante están llamados a «gobernar» y si «gobiernan bien» son «dignos de doble amor» (1ª Ti. 5:17), y los hemanos deben obedecer a sus pastores y someterse a ellos (He. 13:17). Así ellos manifiestan a «Adonai» cuando gobiernan y dirigen a otros. Mucho más lo revelan cuando uno es puesto «sobre diez ciudades» y otro «sobre cinco» (Lc. 19:17-19), porque han cuidado de las almas como quienes deben dar cuenta de lo que hacen, y han conducido fielmente a aquellas que les han sido encomendadas. Pero los santos de Dios no revelan menos a «El Olam», «el Eterno», que ha tratado con los hombres caídos hasta donde ellos lo podían sobrellevar, primero sin ley, después, bajo la ley, y, finalmente, bajo la gracia, como un padre que va donde sus hijos están para encontrarse con ellos y sobrelleva sus enfermedades hasta que están preparados para mejores cosas. Los fariseos o separatistas, que daban gracias a Dios porque no eran como los otros hombres (Lc. 18:11), quitaban todas las responsabilidades a los que estaban bajo ellos al sostener que el estadio que habían alcanzado era el único que Dios acepta, haciendo errar de este modo a quienes, siendo todavía niños, necesitan de formas más simples de la verdad, las cuales pueden ser recibidas únicamente por hombres que aún son carnales. Pero no obran así los que son como Cristo, que vino (y todavía viene) en la carne. Éstos pueden hacerse a los judíos como judíos y a los débiles como débiles (1ª Co. 9:20, 22), alimentándolos con leche y no con carne (1ª Co. 1:1, 2), sabiendo que hay un tiempo con Cristo incluso para que el agua para la purificación en las tinajas de los judíos sea convertida en vino cuando la hora ha llegado de que el Señor manifieste su gloria (Jn. 2:5-11). Y lo mismo

186

puede decirse del título «Señor de los ejércitos». Puede que algunos de los miembros de Cristo todavía no sepan que en él y con él comparten su puesto por encima de todo principado y poder (Ef. 1:20, 21), y que incluso aquí los santos ángeles ministran para servicio a favor de ellos (He. 1:14), y que en el reino venidero juzgarán a los ángeles (1ª Co. 6:30 sin embargo, es el el llamamiento de los hijos de Dios. Las huestes celestiales los sirven. Es solamente por un poco tiempo que el hombre es hecho un poco menor que los ángeles (He. 2:7).

Así, pues, los elegidos, como su Señor, son puestos aquí para manifestar las virtudes que poseen como participantes de la naturaleza divina, lo cual manifestarán todavía más en el reino venidero, cuando, liberados de la esclavitud de la corrupción, sean revestidos de la incorruptible y perfecto cuerpo celestial. Pero todavía muchos son ciertamente niños; algunos aún innatos, aunque avivados con la vida de Dios: lo que se ve de ellos es todavía solamente naturaleza, pero no al Señor. Los tales pueden manifestar poco o nada de su Padre. Pero hay otros que, en su medida, aunque todavía no han captado la razón por la que han sido aprehendidos, muestran al menos algo de la multiforme gracia y verdad que son suyas como hijos y herederos de Dios. ¿Cómo son recibidos por la iglesia y por el mundo? Cristo y sus santos son la respuesta. Son recibidos como Dios lo es. ¿Quién quiere a Dios, o se ocupa de él, hasta que alguna necesidad o desgracia les convence de que no pueden valerse por sí mismo? Esto es así porque Dios no es conocido. Alguna mala y terrible representación de Dios aleja las almas de él, o el orgullo y la soberbia de los hombres los hace adversos o contrarios a los que incluso la naturaleza les dice de él. Lo mismo ocurre con sus santos: el mundo no los conoce, porque tampoco conoció a Dios (1ª Jn. 3:1). Pueden vivir y morir por otros, pero su luz y su amor, que juzgan siempre toda mentira y egoísmo aun sin pronunciar ni una palabra, los convierte en una ofensa y, por tanto, son rechazados. ¡Entiendan de una vez los que viven fuera de la vida de Dios el llamamiento de estos hombres! Ciertamente, hasta donde la vida de Dios, aunque activa, no se ve en un hombre no ofende a nadie, pues, como un niño que no ha nacido, todavía no se ha manifestado. Incluso cuando por fin nace, y todavía es un bebé, aunque cause molestias a alguien (Mt. 3), no obstante, como en el caso de Cristo, va creciendo no sólo en sabiduría y en vigor, sino también en gracia ante Dios y ante los hombres (Lc. 2:52). Y, sin embargo, todavía no hay nada en esa vida que juzgue a los otros. Pero no hasta que los cielos se abran, pues entonces, porque el Espíritu del Padre reposa sobre sus hijos, y su gracia y su verdad no solamente están en ellos sino que irradian a diario de ellos, y a causa precisamente de que esta luz revela todo tipo de fingimiento y condena el egoísmo, aquellos en quienes es vista serán tildados —como su Maestro— de quebrantadores de la ley (Jn. 5:10), de locos (Jn. 10:20), o engañadores (Mt. 27:63 y Jn. 7:12), por aquellos que, aun mostrando mucho celo por Dios, son no obstante egoístas.

Así como la verdad es bien recibida por los veraces, el amor lo es igualmente por los amantes. Así, «el pobre del rebaño» (Zac. 11:11), que siente su necesidad, está más dispuesto a dar la bienvenida y a recibir la vida de Dios, cuando aparece ante él, que los fariseos y escribas, los cuales se sienten satisfechos con sus propios logros. Y, sin embargo, esta vida, aunque despreciada por los hombres, como desconocida, pero bien conocida; como entristecida, pero gozosa; aunque pobre, pero enriqueciendo a muchos, porque es la misma vida de Dios en la carne y en la sangre, como ocurre con Cristo que es la cabeza, así en sus miembros, debe conquistar a todos; no por fuerza, sino por la cruz, es decir, por medio del sufrimiento paciente que llega hasta la muerte, «en pureza, en conocimiento, en longanimidad, en benignidad, en el Espíritu Santo, en amor sincero, en palabra de verdad, en poder de Dios» (2 Cor. 6:6, 7), recomendando a Dios a aquellos que todavía están lejos de él. Por tanto, regocíjense los Hijos de Dios porque son en este mundo como Cristo. Falta sólo un poco para que la gloria del Señor sea manifestada y toda carne la vea. «Entonces los justos resplanderán como el sol en el reino de su Padre. El que tiene oídos para oír, oiga».

APÉNDICE

En las conferencias precedentes me he referido de pasada a las objeciones presentadas contra la unidad y la divina inspiración de las Sagradas Escrituras, objeciones basadas principalmente —o en gran medida— en los diversos nombres de Dios, particularmente «Elohim» y «Jehová», los cuales se alternan tan remarcablemente a lo largo del Pentateuco. Mi objeto no era entrar en la cuestión de la naturaleza e inspiración de la Biblia, pues me dirigía a creyentes que aceptan las palabras de Cristo como la verdad de que «ni una jota ni una tilde pasarán de ningún modo de la ley» (Mt. 5:18), y de que, aunque el cielo y la tierra pasarán, sus palabras no pasarán. Más bien deseaba transmitir a mis hermanos lo que el Señor, por gracia, me ha revelado a mí de las riquezas de la Palabra o del Libro que el apóstol describe como «una lámpara que alumbre en un lugar oscuro» (2ª P. 1:19), y que desde hace tiempo ha demostrado ser lámpara a mis pies y lumbrera en mi camino (Sal. 119:105). Por supuesto que era consciente de las llamadas «conclusiones» del «criticismo científico». Las he ponderado una y otra vez sólo para asombrarme más y más con el atrevimiento de la aserción y la asunción que quiere ser prueba y actuar como tal con respecto a una parte del asunto que nos ocupa. Pero, porque creo que se contesta mejor al error con la verdad en vez de con la persecución y la destrucción de la falsedad, no me preocupará —al menos en estas páginas— de entrar en todo detalle de lo que considero ser un error, aunque, como la mayoría de los errores, pueda contener una cierta medida de verdad pervertida.

Sin embargo, añadiré aquí unas pocas líneas para hacer notar lo que me parece ser el error fundamental de los críticos y de su llamado «criticismo científico». Hasta donde llega mi experiencia, ninguna de ellos parece haber considerado alguna vez bajo qué condiciones una revelación divina puede darse a criaturas caídas o las cualificaciones necesarias para reconocer y captar correctamente la tal revelación. De ahí que estos críticos hayan actuado exactamente como los judíos de la antigüedad, que tropezaron con la forma humana del Verbo divino, y, por tanto, sin dudar lo juzgaron y rechazaron —aunque aquellos que sentían su necesidad este Verbo encarnado ha suministrado abundantemente riqueza y liberación por medio de la misma forma de la que eruditos escribas se burlaron, y a la que vejaron y crucificaron. Pues por un principio de misericordia para con el hombre perdido, y con el fin de alcanzarlo donde estuviera, el Verbo de Dios ha venido en una forma cuyo linaje terrenal podía ser ampliamente demostrado, y cuya susceptibilidad a la injuria fue manifiesta a todos. Por tanto, sus jueces asumiron y creyeron probar que no podía ser divino. Exactamente así, y por la misma razón, la Palabra escrita ha sido juzgada. Pero la Escritura no puede ser quebrantada. Con la misma certeza de que Cristo resucitó y repartió a los hombres su Espíritu, así su palabra en la Sagrada Escritura conquistará a todos, a pesar de los juicios de aquello que lo tildan de engañador.

192

El hecho es que cada una de las objeciones del «criticismo científico» contra la Biblia (que es un brote del corazón humano, y que ha crecido con los hombres y lleva su imagen, y que, por tanto, está marcado con todas sus enfermedades) pueden igualmente oponerse no sólo a la Encarnación sino en sustancia también a la naturaleza y a la Providencia; así que la Encarnación, la naturaleza y la Providencia pueden ser acusadas en el tribunal del entendimiento del hombre como portadoras de pruebas de que son imperfectas y, por tanto, de que no pueden ser de Dios. Miremos la Encarnación. ¿Con lo que hubieran encontrado los sabios en el cuerpo de Cristo, lo hubieran deseccionado, como los críticos científicos han hecho con la Escritura, o, en vez de eso, hubieran procurado aprender de él como de un maestro viviente? ¿Hubieran visto, con el ojo sensorial al menos, que ese cuerpo había sido divinamente formado y era de una forma especial el tabernáculo escogido de Dios? ¿Podían los disectores haber demostrado que era humano, nacido de una amdre terrenal, y que llevaba las marcas del linaje judío del que ella venía? Y no sólo eso: ¿no podrían haber ido más lejos y haber demostrado que las mismas partículas de que estaba compuesto, antes de que llegaran a ser parte del cuerpo del Señor, habían sido componentes de algún animal o vegetal y que, por tanto, esa forma humana nunca podía haber sido divina? De forma similar, ¿no podría decirse que, como la naturaleza está manifiestamente compuesta de sustancias heterogéneas, conformadas como ahora aparecen —al menos ante el ojo humano— con no poca confusión y con las marcas de haber pre-existido bajo alguna otra forma, dicha naturaleza no es la obra artesana de Dios? Ciertamente, lo que se diga en contra de la Biblia, sobre las razones que fueren, basadas en materiales ya existentes, no menos puede decirse contra la naturaleza y la carne de Cristo, las cuales tienen precisamente las mismas peculiaridades. Exactamente lo mismo ocurre con la Providencia, que puede ser —y de hecho ha sido— acusada de ser culpable de actos impropios de Dios, y que, de haber sido hechos por los hombres, los hubieran conducido al patíbulo. ¿Qué pasa entonces? ¿No es de Dios la carne de Cristo? ¿No está la naturaleza también presente en su cuerpo? No es la Providencia su obra, a pesar de sus muchas anomalías aparentes? Y el hecho de que las Sagradas Escrituras tengan las mismas aparentes anomalías, que son en verdad marcas del estado de la criatura a la que han de servir, ¿no testifica lo uno como lo otro (aunque todavía haya misterios en sentido global) de que todo es la obra del mismo y único divino Artífice? No tengan miego los creyentes. Los libros de Dios no van a fallar porque el «criticismo científico» haya estado tan doctamente ocupado y se declare insatisfecho con ellos.

En realidad, el criticismo de los críticos está tan abierto a la corrección, y se basa con tanta frecuencia en la mera aserción y asunción, que casi cada crítico reciente encuentra algo que debe ser corregido y juzgado de todos sus predecesores. Como en el caso de los que rechazaron a Cristo, sus testimonios no están de acuerdo. ¿Pero qué no creerá la incredulidad, especialmente cuando presume de poseer una sabiduría e iluminación superior? Podría asombrar a un sencillo cristiano saber que el libro que ha alimentado durante siglos a la iglesia, y que ha estado enseñando, según los críticos, en el fraude y la falsedad, y que es meramente la obra de un «Jehovista» y de un «Elohista», ampliada por un «segundo

Elohista», después por un «Deuteronomista», y finalmente por algún desconocido redactor, hasta llegar a ser
la cosa confusa y heterogénea que ahora es a los ojos
de los críticos, algo propio de ser condenado y demolido
por su criticismo. Bien puede el apóstol preguntar:
«¿Dónde está el sabio? ¿Dónde está el letrado? ¿Dónde
está el discutidor de este mundo?» (1ª Co. 1:20).

Pero lo cierto es que, a pesar de los críticos, el Libro
vive todavía en su grandeza y plenitud y continúa alimentando las almas hambrientas y dando agua de vida
al sediento. Ahí está, como los santos lo han visto, divino
y humano, saliendo al paso a los hombres sea cual sea
la etapa de su desarrollo de forma que siempre pueden
sacar provecho; en la letra, lleno de lecciones para
nuestra guía a través de este mundo y, en el Espíritu,
revelando, aunque también velando, la profundidad de
la sabiduría de Dios.

No voy a repetir aquí lo que he dicho en todas partes
en cuando a la forma en que la Biblia, en sus diversos
libros, tras habernos mostrado primeramente el resultado
que dio Adán, nos da instrucciones sobre cada una de
las etapas del camino señalado después de la caída,
mostrándonos nuestros peligros, nuestros fracasos,
nuestras liberalidades y nuestros pecados, hasta que,
libre de toda esclavitud, de todo errar, de todo conflicto
y de todo pecado, el hombre es traído incluso a través
de la muerte a una nueva creación y a la ciudad celestial
de su Dios. Cada hecho registrado, y aún más, cada
palabra, es para el ojo abierto una revelación, no sólo de
parte de Dios, sino de Dios, mostrando en el a menudo
repetido y multiforme descubrimiento de la necesidad de
la criatura la infalible plenitud de esa gracia y esa verdad

que es en verdad suficiente para nosotros y para todas las criaturas.

No puedo ocuparme de todo esto aquí. Será suficiente recordar a los creyentes que, en los Evangelios, nuestro Señor una y otra vez habla de Moisés como el autor de los libros que han aparecido siempre bajo su autoría, y conecta o relaciona con él la legislación que nuestros modernos críticos refieren a los llamados «Jehovista», «Elohista», y «Deuteronomista», y a períodos post-exílicos muy diferentes. Las siguientes son algunas de las alusiones de nuestro Señor a la Ley. Primero, a la ley que afectaba a los leprosos: Mt. 8:4; Mr. 1:44; Lc. 5:14; segundo a la del divorcio: Mt. 19:8; Mc. 10:3, 9; tercero, a la de la reverencia debida a los padres: Mc. 7:10; cuarto, en cuanto a la resurrección: Lc. 20:37; quinto, en cuanto a la circuncisión: Jn. 7:22, 23; sexto, en cuanto a la serpiente de bronce: Jn. 3:14 y, séptimo, en cuanto al pan de los cielos: Jn. 6:32. En otros, como en Mt. 23:2 y Jn. 7:19, Moisés y su ley son mencionados sin especificar ningún mandamiento distinto. En otros tres lugares, a saber, Mc. 12:26; Lc. 16:29, 31; 24:44, nuestro Señor, hablando del Antiguo Testamento, ya sea de una parte o de todo, se refiere a él como el «libro de Moisés», «Moisés y los Profetas», o «la ley de Moisés, los Profetas y los Salmos»; y, finalmente, en Jn. 5:45-47, de nuevo apela a los «escritos de Moisés», que dan testimonio del Señor, y dice a los Judíos que si hubieran creído a Moisés, también le creerían a él, porque Moisés escribió de él. Todo esto no significa nada para los críticos. No podemos, por tanto, sorprendernos de que el testimonio de los apóstoles, que en no menos de treinta lugares refieren al Pentateuco a Moisés o lo citan concediéndole autoridad divina, deba ser marginado tan bruscamente como el testimnio de nuestro Señor. ¡Y todo esto en el país de Lutero! La fe en la iglesia ya hace tiempo que se perdió; la fe en las Escrituras se está perdiendo a pasos agigantados. ¿Cuánto tiempo durará incluso la profesión de fe en Cristo: Los hombres deben estar dormidos o ciegos si no ven lo que se está avecinando sobre la cristiandad.

En conclusión, ¿puedo decir que una de las principales causas para poner objeciones a la Biblia radica en su poder sobre la conciencia del hombre? El libro hablará por Dios, tanto si los hombres lo oyen como si no. Pero todos los críticos no son tan abiertos como un pobre conferenciante oriental, el cual, al preguntar uno de sus oyentes: «¿Por qué en todo su criticismo se vuele contra la Biblia en vez de en contra de Shakspeare u Homero? ¿Por qué no deja a la Biblia en paz?», replicó con franqueza inglesa: «¿Por qué no dejo a la Biblia en paz? Porque la Biblia no me dejará a mí». Ella ha sido siempre un testigo de Dios, y lo será siempre que los hombres necesiten luz en un lugar oscuro. Cuando lo que es perfecto venga, entonces lo que es en parte será quitado.

Entre tanto, no se debe olvidar que, como la Biblia fue escrita por hombres, a quienes el mundo del Espíritu les había sido más o menos abierto y que hablaban bajo la compulsión del Espíritu Santo, nunca puede ser totalmente entendida, excepto por aquellos a los que el mismo mundo les sea abierto por el mismo Espíritu. La gran apertura está cercana. Bienaventurados son aquellos que por gracia la están esperando.

Printed in the USA
CPSIA information can be obtained
at www.ICGtesting.com
LVHW020708050824
787165LV00009B/57